THE
CHANGING CHINESE

19-20
世纪之交的中国

〔美〕E. A. 罗斯（Edward Alsworth Ross） 著
张彩虹 译

中央编译出版社
CCTP Central Compilation & Translation Press

图书在版编目(CIP)数据

19-20：世纪之交的中国 ／（美）罗斯著；张彩虹译．
—北京：中央编译出版社，2016.6
ISBN 978-7-5117-3008-4

Ⅰ.①1… Ⅱ.①罗… ②张… Ⅲ.①社会发展－概况－中国－近现代
Ⅳ.①D693.79②D668

中国版本图书馆CIP数据核字(2016)第102295号

19-20：世纪之交的中国

出 版 人：	葛海彦
出版统筹：	董　巍
责任编辑：	曲建文
责任印制：	尹　珺
出版发行：	中央编译出版社
地　　址：	北京西城区车公庄大街乙5号鸿儒大厦B座（100044）
电　　话：	（010）52612345（总编室）　（010）52612370（编辑室）
	（010）52612316（发行部）　（010）52612317（网络销售）
	（010）52612346（馆配部）　（010）55626985（读者服务部）
传　　真：	（010）66515838
经　　销：	全国新华书店
印　　刷：	北京中兴印刷有限公司
开　　本：	880毫米×1230毫米　1/32
字　　数：	173千字
印　　张：	11.25
版　　次：	2016年6月第1版第1次印刷
定　　价：	36.00元
网　　址：	www.cctphome.com　　邮　箱：cctp@cctphome.com
新浪微博：	@中央编译出版社　　微　信：中央编译出版社（ID：cctphome）
淘宝店铺：	中央编译出版社直销店（http://shop108367160.taobao.com）（010）52612349

本社常年法律顾问：北京嘉润律师事务所律师　李敬伟　问小牛
凡有印装质量问题，本社负责调换，电话：010-55626985

作者序

大多"中国通"都明白,仅靠半年的辛苦旅行和调查,是不可能了解这个远东国度的。"我在这儿待了有30年了,"一位总工程师说道,"但是待得越久,反倒越不了解这里的人们了。"另一位商人说:"在这儿生活了几年后,我本以为已经了解他们了,但是住得越久越觉得他们很难理解。"

任何一位西方旅人只要去请教一下长年住在通商口岸的外国人,就会发现自己再也没有勇气写任何关于中国的东西了。

事实上,在不同文化水平或社会组织类型中会产生不同的心理素质,如果了解了这一点,中国人并不是一个不可解的谜团。再考虑到知识水平和基本观念上的差异,我们就会发现,假使处于他们这种环境之下,我们也会做出同样的事情来。

  研究东方文化的人很重视这样一种理论：由于心理素质的不同，白种人和黄种人永远无法相互理解或产生共鸣。而那些比较社会学专家则有不同的看法。那些看法是基于对中国人闭关自守、激烈的生存竞争、祖先崇拜、父权、女性的从属地位、尚武精神的退化以及文人的支配地位等各方面的考察自然而然地得出来的。

E.A. 罗斯

目 录

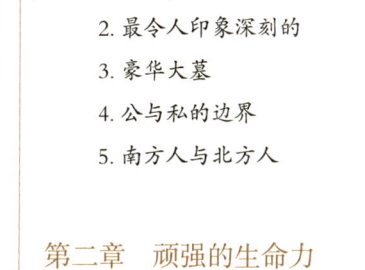

第一章 俯瞰中国　　001

1. 没精打采的城市　　002
2. 最令人印象深刻的　　009
3. 豪华大墓　　014
4. 公与私的边界　　020
5. 南方人与北方人　　027

第二章 顽强的生命力　　029

1. 他们总能安然战胜疾病　　030
2. 恶劣的环境　　037
3. 西方人的担心　　046

第三章 中国人的精神世界　　051

1. 多数中国人都性格稳健　　054
2. 宝贵的天赋为什么泯灭了　　056
3. 中国就像一片汪洋大海　　058
4. 黄种人才是正常人　　064
5. 每个乡村都有一群恼人的悍妇　　068
6. 改变旧观念　　070

第四章　为生存而挣扎　073

1. 没有一寸土地废弃不用　074
2. 奇观是饥饿创造的　079
3. 所有自然资源都被
   尽可能地利用了　083
4. 饥饿总是如噩梦般困扰着人们　085
5. 苟延残喘地活着　092
6. 贫穷的原因　096

第五章　渺茫的工业前景　115

1. "黄祸"的三种可能　116
2. 廉价劳动力的海洋　120
3. 无所不在的"潜规则"　123
4. 大大小小的寄生虫们　132
5. 恶习不改而效率低下　136

第六章　禁烟运动　143

1. 吸鸦片与赌博——双重罪恶　144
2. 发动一场史无前例的战争　152
3. 禁烟初见成效　166
4. 最黑暗的一页终将成为过去　175

第七章　尚未开发的资源　179

1. "小脚一生,眼泪一缸"　182
2. 觉醒从脚开始　188

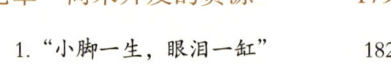

3. 女人的劫难　　　　　192
4. 对天哭诉　　　　　　202
5. 她们过得很不幸福　　208
6. 渴望挣脱牢笼的束缚　214

第八章　基督教在中国　　223

1. 本土的信仰　　　　　224
2. 传教士与中国民众　　230
3. 外国人说些什么　　　240
5. 误解　　　　　　　　252

第九章　西部地区　　261

1. 山西的乡下和城市　　262
2. 陕西的树林不见了　　271
3. 传教士的生活　　　　276
4. 西安府　　　　　　　280
5. 天府之国　　　　　　289
6. 圣人的格言　　　　　310

第十章　新式教育　　315

1. 日本人动摇了中国人的自信　316
2. 有缺陷的训练　　　　324
3. 艰难的起步　　　　　332
4. 改革进程中最严重的问题　341

FU KAN
ZHONG GUO

第一章

俯瞰中国

1. 没精打采的城市

中国有着明显的欧洲中世纪风格,城市都有城墙环护,城墙和城门仍然保持完好并发挥作用。中国人喜欢扎营于有城墙保护的要塞中,一旦有骚乱,便可退入城中寻求庇护。

城市的街道狭窄弯曲,凸凹不平,污秽肮脏,且臭气熏天。在华北地区,街上来来往往的是只能载人的笨重而沉闷的马车(实际上是由骡子拉的)。不过,在种水稻的南方地区却没有骡子,人们只能坐手推车或者步行。由于没有任何维护城市公共交通的规定,人们都涌到马路上,路被堵得几乎无法通行。店家在货架前都设有柜台,沿街摆的也都是由板箱、篮子做成的货摊;其中还不乏随身带着工具的手工艺人。这样一来,本来六尺宽的街道变得十分拥挤不堪。要不是

布满商号广告的小街。拥挤的街道是由于人多还是设施不完全?

第一章 俯瞰中国

官府规定马路中间必须为他们的轿子留出一条过道来,这条街肯定会被堵得水泄不通。

狭窄的街道上总是挤满了熙熙攘攘的人群,这给国外游客留下的印象就是:中国人真多,人口真密集。但是中国的建筑物多为一层的平房,而且除北京外,其他城市的占地面积并不广。在西方人的描述中,为了追求文学效果,中国人口被盲目夸大了。而且,因为没有可靠的统计数据,他们更可以天马行空地想象中国的人口数。

直到最近,城市中才有了维持公共秩序的警察。现在,身着黄色卡齐布制服的警察手持警棍在街上巡逻。然而,一旦骚乱发生,这些警察的作用却从未得到体现。像你在广州看到的那些没精打采、光着脚丫、

重庆通往江边取水的石阶。不经任何处理的河水作为生活饮用水,卫生的背后隐藏着什么?

表情温和的宪兵,根本就不能体现法律的尊严和权威。

城市中也没有正常的供水系统。如果城市靠近河边,那么,专门打水的人会把未经处理的河水送到各家各户作为生活用水。从桶里溅出来的水把河边的石阶弄得老是湿漉漉的。如果挑来的水非常混浊的话,人们就用装有明矾的钻有小孔的竹筒在水中搅一下,水就变清澈了。

城里同样没有照明系统。夜幕降临了,街道漆黑一片,阴森森的,没有一个人。在引进煤油灯之前,整个中华帝国普遍地采用装有蜡烛的纸灯笼或者浸有棉灯芯的花生油杯来照明。由于没有良好的照明条件,人们通常日落而息,日出而作。煤油灯确实造福于广大人民的家庭生活,它为人们在晚上读书或聊天提供了方便。

砍伐一光的河岸。污浊的河水与被砍倒的树木,是必然还是偶然?

第一章　俯瞰中国

还有，城市家庭中连烟囱都没有。在哪儿做饭，哪儿的墙壁就会被无处可去的煤烟熏得漆黑。中国内地的人对黑暗似乎已经习以为常了。他们的房子甚至没有玻璃窗户，所以他们只能在窗格子上糊一层白纸，好让屋内光线能明亮一点。屋内的地板是用泥、砖或瓦片铺成的。过路人根本就看不出他们的生活有什么安逸奢华的地方。就算富人家有一栋大房子和漂亮的庭院，一般人也无法透过高高的围墙看到他们深居的生活。在城市中，既看不到开放的草坪或花园，也没有公共绿地，只是偶尔会在一些庙宇中看到一片小树林。

走街串巷的小吃摊。在西方人眼里奢侈的小吃，却是中国人节省燃料的最佳方法。

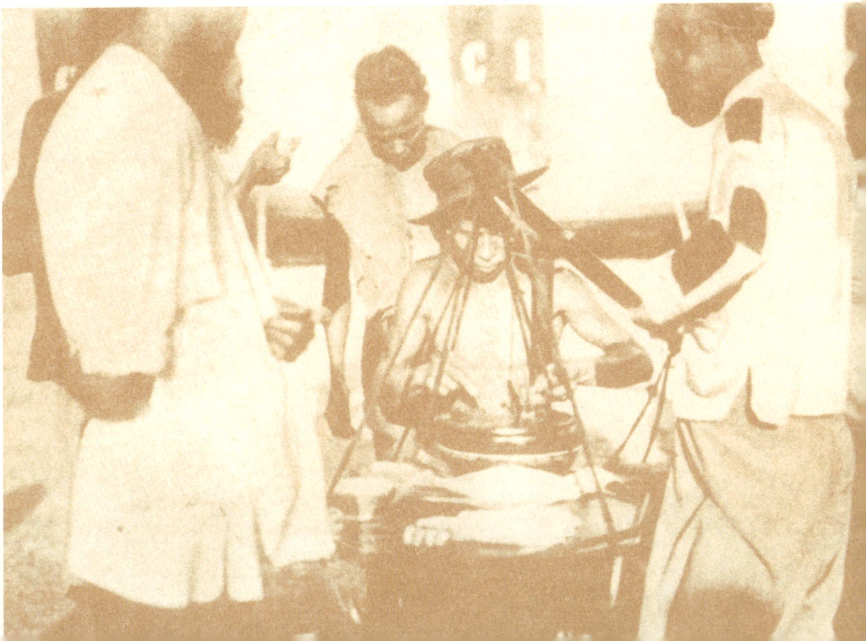

大路旁为行人服务的小吃摊点

集市上的小吃摊点

在小挑担前正在喝豆汁的"小食客"

第一章 俯瞰中国

由于燃料匮乏，干木柴便也成了商品一捆捆地出售。数不清的小船上堆着高高的木柴，沿着西江定期把木柴运往广州和香港。樵夫沿着水路一路砍伐而越走越远，毁林的程度也越来越高。冬夜，人们在炕头下烧糟糠、麦秆、树枝、树叶以及杂草来取暖；此外，人们还在低低的砖炉或者泥炉上摆上一个特别大的浅口铜锅，用来煮东西。穷人家的燃料用得很省，所以他们通常就在街上买些熟食以节省燃料开支。因此，流动小吃摊的生意甚是红火。而我们西方人往往存在这样一种偏见，认为街上的熟食非常昂贵奢侈，不是普通人能够享用得起的。

尽管富人家的房子里有很多漂亮的东西，但是他们的整洁标准远远达不到我们西方人的要求。仆人们对蜘蛛网、灰尘或是破损的东西都见怪不怪了，房子的主人也不会觉得这些有何不妥。中国内地的豪宅中可能置有极贵重的瓷器，陈设着世界上最美的刺绣和家具，不过总的来说，在室内布置方面，中国工匠的作品是没法跟西方艺人作品的完美相提并论的。

中日两国国民最大的差别就在于整洁程度方面了。中国人好像不怎么注重整洁卫生，也不怎么在意保管和修理的艺术。他们从来不懂得遵循"小洞不

满族贵妇着冬季旗装

补,大洞吃苦"的谚语。他们宁可做一个新的出来,也不愿花精力去保养旧的东西。提起"中国",人们脑海中就会浮现出如下种种情景:用破草席搭起的丝毫不能遮风避雨的帆船,倾斜的残垣颓壁,下榻的寺庙屋顶,长满苔藓松松散散的瓦砾,参差不齐的茅草屋顶,腐烂恶臭的顶棚,摇摇晃晃的屏风,还有倾斜破烂的路面。而在日本,任何东西都是极其整洁的:修剪整齐的茅草屋顶,洗刷干净的墙壁,明亮的草席,保养良好的路面,也看不到随处乱扔的垃圾。我所去过的地方,只有荷兰和英国的部分城市能与之媲美。1910年8月一场让人难忘的洪水过后,日本人清洁卫生、收拾东西的速度更是快得惊人了。

在日本的村舍里,你根本看不到成堆的垃圾、粪便、污池、泥坑、下榻的屋顶、歪歪斜斜的墙壁、

腐烂的茅草屋顶或是散乱的燧石。而这些在中国绝大多数村庄里面都是随处可见的。在日本，一旦屋顶、墙壁、篱笆、树蓠、大坝、桥梁或是道路有点破损，人们会马上给以修葺。在西方人当中，也只有新英格兰和新英格兰侨民居住的地方能与日本的整洁度相比了。

2. 最令人印象深刻的

关于中国的记忆，最令人印象深刻的莫过于终年可见的蓝色棉制外套了。老百姓穿的都是质地粗糙的深蓝色"本色布"。节日里穿的盛装便是精致的浅蓝色棉长袍或色彩艳丽的丝制短上衣。冬天，穷人穿的是充有棉花的棉衣，有钱人穿的则是丝制的毛皮大衣。如果要像西方人那样穿衣，中国人的经济肯定会出现危机。因为中国还不具备大规模养羊的能力，要生产出自需的羊毛还需要很长一段时间。所幸中式夹克是侧开衫而不是正面开口的衣服。一到冬天，西伯利亚的寒风开始在北京城内呼啸，你便会发现西方人在他们的大衣、外套和背心前面开个大大的Ｖ字领口是多么的愚蠢。显然，西方人的穿法把人们娇弱的

纤夫

喉咙和胸口完全暴露在寒风当中,任凭寒风肆虐。看看中国人是多么的明智——衣服把他们的前面裹得严严实实的,并于肩头系紧,你是不是觉得西方人就像一个衣不蔽体的图腾崇拜者呢?

只要有石头的地方,主路沿途或周围都会有一些纪念性的拱门,叫作"牌楼"。这些牌楼是经官方许可的、为了纪念某些高尚事迹或有卓越功绩的人而建造的。很有意思的是,获此殊荣的往往是有突出成就的文人,而非奋战沙场的战士。牌楼中门两侧各有一

第一章　俯瞰中国

个或两个小门，有标准的样式，而且都非常精美。一座结构坚固的牌楼可以完好保存几百年。此外，这是乐善好施的中国人最早的消费方式之一，所以，随着牌楼越积越多，城市附近的道路上往往矗立着一排排相同式样的建筑物。尽管这些牌楼都很漂亮，但是人们终究会对这种单调的重复感到厌倦。

在华南一些城市中有一些高高耸立的六七层平顶塔楼，顶端开有小天窗。这些高楼犹如鹤立鸡群，在众多简陋的平房中显得极为突出，如同中世纪城堡中的主楼。这是当铺，兼有公共银行和安全存款金库的作用，因为当铺有能力跟强盗对抗一段时间。在一些较大的城市，你可以见到一些奢华的同行会馆和装饰豪华的外省人会馆。正像 13 世纪在伦敦谋生的比利时弗莱芒人或汉莎商人一般，有些外省人会觉得自己是一个身在异乡的异客。有时，来自不同省份的人们

马路边的牌楼。物质的贫乏与耗资质巨大的精神建筑，人们真正缺少的是什么？

也会聚集起来建立一个类似的总部。我记得在西安府就有这么一座庄严堂皇的"三省会馆",聚集了来自四川、山西、河南的外地人。

由于没有良好的公路和驮重物的牲口,人们几乎是完全充分地利用了水路交通。数不清的水路,数不清的船只,恐怕全世界其他地方的船只加起来才够这个数量。中国的水运是如此的独一无二,恐怕很难在其他地方找出这样聪明的船夫,也没有这么多的人力来拉船。河中间满是靠划手驱动的舢板。这些划手总是站在甲板的前端挥动手中的船桨。通常,大船需要有16个或18个划手,他们赤裸上身,一边喊着号子,一边有节奏地开船。逆风行使的时候,船夫就只能在岸边拉着船往上游走。由于没有事先建一条纤

拥挤的河道。水运的廉价,造就了数不清的船只。

第一章 俯瞰中国

居住在水上的人们

路,船夫只好费劲拉着船缆,沿着滑溜的河岸跋涉,攀岩走壁,痛苦不堪。

在南方,没有土地的人们被迫移到水上居住,无数的人是在舢板和船宅中度过他们的一生的。天气晴朗的时候,这些可怜的家庭多半住在两端都有走廊的小单间中,却也如普通人一样快乐无比。确实,在水上,这些人不怕遭地主解雇,不用担心老板剥削,也不会有工头催促干活。在他们眼中,水上和岸边的生活是非常刺激而且丰富多彩的。孩子的牙牙学语、大人的喋喋闲聊和着潺潺的流水声,让人们从不觉孤独寂寞。由于汲水只是举手之劳,这些小家庭总能保持

荷兰式的整洁。他们不用付租金，而且还可以随兴换换邻居、住所、风景。没有人能比他们更自然、更富有生机、更随心所欲了。因为他们拥有简单的生活，即便窘迫，也能自由自在。

他们的孩子——水中的流浪儿比较早熟。婴儿出生不久，就被绑在一个密封的空坛子上面，在水上漂流。一旦婴儿不见了，大人可以凭空坛子漂流的位置找到孩子。满周岁的孩子就已懂得自己照顾自己了。三四岁的小孩就能摆弄船桨和竹篙，其机灵程度跟我们国家六七岁的孩子不相上下。任何东西都逃不出他们那好奇的黑眼睛，他们能够像意大利小孩一样机灵地哄走你手中的铜钱。

3. 豪华大墓

尽管每到夜间中国的城门就会关上，但是这些城市并没有像我们国家一样跟广大农村断绝往来关系。城里人绝对不会跟他乡下的亲戚脱离关系。不久前，香港的造船业和维修业不大景气，但这并没有给失业工人带来致命的打击。倒不是因为他们找到了新工作，而是因为其中大多数人分散到了他们祖籍的乡

南普陀寺及寺外的墓群。死人与活人争夺生存空间，怪哉！

下。他们在那里重操旧业，直到行情好转才回到城市。男人的家庭总会给他机会，给他和他的家小留一口饭。不过，母姓家是不允许他们这样虚度光阴的。发了财的商人会在他祖先的祠堂内将其儿子登记于族谱之上，捐款维修宗祠；在每年的家族盛事上分得一份烤猪肉；节假日回乡探亲；汇款给家里人以购得更多土地；带孩子出去见亲戚朋友，或者让孩子的童年在家乡度过。这样，当他们过世之后，他们的孩子也会热爱并珍惜跟这片土地的古老关系。通过这种种方式，只要战争、洪水或者灾荒还没有让这份血统灭绝，城市的家庭就会世世代代跟他们的乡下亲戚保持联系。因此，中国的城市并非真正意义上的市民共同体，而是由分属无数不同小团体的个人组成的集合体。毫无疑问，城市市政议会的建立以及公民对公共事务的参与管理，将有助于集体精神的形成，同时，也会削弱城市居民对农村家族的情感。

中国人总是不忘缅怀逝者，其程度让人怀疑中国人到底是属于活着的人，还是属于死去的人。死者一般埋葬在家庭或家族的墓地中，而不是像西方人那样埋葬在公墓中。在城市附近的地头，脓包似的坟头随处可见。如此占用土地，为城市进一步的发展带来了很大的困难。广州基督教教会大学的校园拥有360个各不相干的转让证书。然而到现在，由于一些坟地的所有者不愿出售坟地，所以校园里仍有一些坟地散布其间。"灵堂"是灵柩停放的地方。灵柩往往在此停放数月，甚或数年，直到风水先生择定

如泥浆般奔腾而下的瀑布

第一章 俯瞰中国

福州郊外坟场中的一座豪华大墓

下葬的吉日和风水宝地为止。中式棺材不是由木板拼起来的,而是挖空圆木做成的。这种虔诚而奢侈的风俗一定程度上造成了农村植被的缺乏。

一些最富中国特色的东西都是跟黄土地有关的。这片壮阔的黄土地覆盖了大半个华北地区,有些地方沉淀下来的黄土甚至有几百英尺厚。地质学家解释说,这些黄土是由亚洲内陆干燥的强风带来的尘土堆积下来的。这些黄土没有层理,纵向裂开,其中有陆地上的贝壳,但是没有海里的贝壳。还有针尖大小

的直统管,这是以前黄土覆盖沉积的过程中,被掩埋的草根逐渐腐烂留下来的。落在山峰上的尘土很快就往下滑落消失了,这样,山脊就会不断往外突出。不过,被水冲下去的泥土在山下的盆地中淤积起来,填平了凹地,使得农村的土地变得松松软软的。

流经黄土地的河流也被深深地打上了棕黄色的印记。由于沿途席卷了很多黄沙,所有的河流都不能使重型船只通行。此外,河水流经平原时,往往因为泥沙堵塞河床而不得不改道。是黄土地给了我们"黄河"、"黄海"和"黄帝",黄色也因此成为帝王之色。京汉铁路北段穿过一片广袤的黄土地,沿途看不到任何石头、山脉或树木。土壤、河流是黄色的,平房是黄色的,城墙是黄色的,村庄也是黄色的。天空中弥漫着黄沙,是黄色的;植被披上了黄土,是黄色的;黄种人还有他们的衣服上覆盖着一层黄土,也是黄色的。总之,一切都化成了这文明人居住的单色世界。

黄土地像奶酪一样皲裂开来,不过两三年以后,铁路两旁路堑上的铁镐和铁锹的痕迹就被黄沙掩盖平整了。在这里居住的人们多半是在黄土坡上掘一个窑洞,然后粉刷一遍,便成为一个颇为干净的居所了。窑洞冬暖夏凉,要不是通风不畅,简直就是完美的住

第一章 俯瞰中国

宅。有些还有两三层楼，有粗雕的门窗，以及精美的家具。然而，令人诧异的是，举目四望，这广阔平坦的原野，布满了棋盘状开垦出来的耕地，但是却没有马路、房子、人或家畜。道路多在黄土高原的峡谷底端蜿蜒，有时甚至深达七八十英尺。在马路与河床两旁的峭壁上，散布着寥寥无几的一些住宅和马厩。

渭河流域精耕细作的农田

4. 公与私的边界

煤矿工人栖身的窑洞

在中国,老百姓对未分配的公共物品和私人物品之间的区别毫无概念。国家向来都只知道征税,而不懂得去保护公共福利。所以,人们通常是牺牲集体利益以求得个人利益,牺牲公共利益以保护地方集团利益,牺牲子孙后代的利益以保全当代人的利益。渭河沿岸,庄稼地里疯长着大量树木,两三英里远的山上却都是光秃秃的。人们为什么不把树木和薪柴种在最宜植树的山上,而种在自家田地里来损害农作物的生长呢?这是因为由于缺乏公共管理,山地不属于任何人,所以上面任何东西都有可能遭到别人的掠夺和破坏。

剩下的森林遭破坏的速度也日益加快,然而,政府官员对此却仍然漠不关心。直隶北部接近热河的地方,几年前还是一片大好森林,然而现在却完全被

第一章 俯瞰中国

寸草不生的城外一角

糟蹋了。大量上好的笔直的松木，本可以用来做架设 1000 英里的电线杆，现在却堆在一旁，成捆成捆地腐烂掉了；而用来架电线的却是那些弯弯曲曲的柳树。毫无疑问，为架设电线杆伐木，某些政府官员从中捞到了不少"油水"，但是现在这些树木怎样了却无人关心。

几百年前，香港对面九龙山上的树林惨遭破坏，

结果造成了严重的土壤侵蚀和水土流失现象。大量黄土被一直冲刷下去,直到有巨大的花岗岩堵住它们的去路。据说东京湾(现称北部湾)北岸根本看不到一棵树;田间仅存的几棵梁木暗示着当日的良田今日已成荒地。土壤侵蚀深至黏土层,农民不得不放弃在这片土地上的耕种。西江沿岸光秃秃的山坡被侵蚀得沟壑纵横,露出如血流般的红土地,在一片草丛中显得尤其耀眼。福建沿海的山上土壤几乎都已流失殆尽,只剩下突兀的岩石。打柴的人却还经常在山头出没,挖灌木、掘草根。没有人想过要植树造林,因为如果他不住在山上看护,这些树木就免不了被人偷走。内陆高山上的树木也已经被砍伐殆尽了,不过土壤还未完全流失,这是因为充沛的雨水让植被生长得更快更茂盛,从而在山坡上形成了保护带。

沟壑纵横的黄土高原,满目疮痍的山坡,壅塞不畅的水路,淤泥充塞的桥梁,贫瘠荒芜的谷地,没有河堤保护、蜿蜒而行的河流,其中夹杂的黄沙慢慢沉淀,经过之处便垒起了一道比树木还高的河床。还有,山间的溪流如豌豆汤般混浊,所有这些都证实了无节制的伐木行为所造成的后果——流水的力量肆意地破坏自然环境。由于黄土地的易流失性,中国西北

部的河川无不携带了大量的泥沙，造成了河床抬高，这对低缓的河道来说是一个极大的威胁。数百年过后，如果黄河越来越成为"中国的悲哀"，肯定是由于缺少植被的保护，雨水从流域盆地的山坡上冲刷而下，就如洪水卷过屋顶般容易。雨季，这些可怕的洪水便会冲垮造价昂贵的大堤，平原便成了一片汪洋，所有的居民也将面临被淹没的危险。

在九龙的英国人和在胶州的德国人已经开始重新造林的工作。但是，除了京汉铁路公司在鄂北山区种植了一些树木以做枕木用之外，其他中国人并没有任何的造林举动。如果中国没有过早摆脱封建制度，他们可能会像中世纪的欧洲人那样，颁布严格的森林法、建造广阔的狩猎林地保护区，环境就不至于这么糟糕，他们也会从环保中获得裨益。再如果500年前中国能够制定一项保护环境的国策，他们现在的环境肯定比现在好许多。而现在，中国最需要的是制定出一套非常科学、有效的恢复环境的措施。这一措施甚至要求比最发达的欧洲政府能够制定的措施更为全面彻底。而这显然超出了当代中国人的远见和管理能力。因此，在我们所处的时代，中国的自然环境将持续恶化。

尽管没有野生动物保护法，但是中国所拥有的野生动物数量远远超出人们的想象。在某些地区尚存有大量虎豹；成群的野鸭在扬子江上空盘旋嬉戏。不少外国人在通商口岸进行高雅的狩猎活动。在这样一个人口密集的古老国度里，为何仍有如此多的野生动物呢？原因有二：一是因为中国的绅士对捕猎不感兴趣，摧残动物生命并不是普通百姓所乐意的事情；二是因为政府多方限制人们持有枪械，从而普通百姓没有狩猎的工具。

无疑，长城是人类最蔚为壮观、最令人印象深刻

河边的镇水铜牛。牛能镇水可能源于牛的善饮，然而面对日渐缺乏的草木，牛能安心镇水吗？

的手工杰作。与长城那庞大的体积相比，我们引以为自豪的铁路路基、隧道不过是侏儒。除了埃及的金字塔和巴拿马运河外，没有任何人类的作品能与长城相提并论。长城每50米的砖石就能建造一座比胡夫塔还高的金字塔；而长城总长至少有1700英里！其宽度可供七八个人并肩而行。高20英尺，铺着整整齐齐的石块，墙顶上建有城垛，而且每隔四五十杆远，就有一个巨大的城堡，里面足有10平方码大。长城就如一条巨蟒在山间盘旋，爬上极其陡峭的山坡，在悬崖峭壁上蜿蜒，从一个山头跳到另一个山头，在山顶留下一座座方方正正的烽火台。长城循着山峰而建，两边都是斜坡，利于防御敌人。长城蜿蜒曲折地从一个山顶爬到另一个山顶，忽而沉入山谷之中，忽而又出现在远处的山脊上，所以看起来是断断续续的，其实只是某些部分隐藏在峡谷之中罢了。有时人们的眼睛能够追随着这

长城，迄今以来，人类最为雄伟的建筑之一，它的背后是一个伟大的民族。

条巨蟒,看着它长达 30 英里的身躯出现在山坡之上;有时这条巨蟒会逃出人们的视线,遁入黑黝黝的群山之间;有时它也会出现在远处的山脊上,把傍晚的天空劈成两半。山脉向北延伸便是一些山麓丘陵,每座山丘顶上都设有了望台。再往北方去是一片平原,和另一段筑有长城的山脉;更远处,则是风沙肆虐的蒙古高原。

看到这些,人们仿佛看见了牙齿不齐、留着稀疏的小胡子、穿着羊毛内翻的外套的游牧民族,伫立在他们那毛发散乱的小马驹旁边,手拄长矛,不停地用失望的眼神搜寻着城墙的突破口——而这座城墙从未能阻挡过他们劫掠成性的祖先们的去路。毋庸置疑,身着蓝色本色布的中国士兵正列队站在长城的扶墙上,嘲笑他们可怕的世仇溃不成军的窘态,并且不停地从城墙的垛口往外射箭。现在,由于佛教和喇嘛教帮助蒙古人消除了凶残的本性,这堵城墙已经失去了原来的用途。川流不息的行人自由地出入关口,数里长的双峰驼队也昂首阔步地走过,并把羊毛、皮货、木材带入关内,把砖茶、火柴、煤油带出关外。

5. 南方人与北方人

如果将中国的南方人和北方人做个比较,你会得出这样一个显而易见的结论:中国人在文化上比在血统上更具同一性。北京的直隶人要比广东人和客家人高出至少6英寸。他们肤色鲜艳,目光诚恳,体格高大而强健,这都表明北京的直隶人在多方面都受到了鞑靼人血统的影响。此外,铁路巡警的相貌举止都很像美国那些刚去农场的幼稚、老实、好脾气的小伙子。他们动作缓慢,思维迟钝,不过他们可以是很好

延伸到海边的长城

的伙伴和战士。而南方人通常个头矮小,肤色更黄,缺少一些男子汉的气魄和勇气。那些故事动人但毫无文学价值的小说中描写的中国人既面容丑陋,满面皱纹,又像猫一般狡猾,这种形象就是以南方人为原型刻画的。南方人的思维比北方人更灵活,但是更不容易让我们西方人了解和信任。那些珍藏本文学传奇当中描绘的深不可测、诡计多端的东方人其实就是以广东人为原型的。

尽管北方人没有那么多鬼点子,不过他们看上去比南方人更稳重踏实,更忠实可靠。北方人对朋友较南方人真诚,因此彼此间的信任也让他们能够更好地团结在一起。所以,北方人比机智聪明的南方商人更适合在股份公司工作。也正因为这样,北方人将引领中国工业的新发展。

WAN QIANG DE
SHENG MING LI

第二章
顽强的生命力

广州珠江边的人们。这是一群外表木然而内心极其丰富的人们。他们的潜质是一片处女之地，一但发掘，将举世为之震惊。

1. 他们总能安然战胜疾病

西方人中，出生的 10 个婴儿中能够活下来的可能有 7 个；而中国人中，能够存活下来的可能只有 2 至 7 个。由于中国婴儿生下来后所面临的环境更为恶劣，所以他们的存活率更低。如果白种婴儿和黄种婴儿出于同样的生存环境之下，中国仅存的两个婴儿能够表现出比那 7 个西方婴儿更旺盛的生命力。因为在这 7 个人当中，有 5 个人可能根本无法在东方国家那种恶劣的环境下生存，另外两个存活下来的婴儿的身体素质也不如中国那两个婴儿的素质。中国幸存的那 20% 的人则将他们的优良基因遗传给后代。如此遗传带来的筛选结果，就是 20% 的存活者遗传给子孙后

第二章 顽强的生命力

代的是更为旺盛的活力。因此，东西方国家不同的婴儿存活率为我们研究两个民族的身体素质提供了一个良好的契机。当代白种人有着宽绰的生活空间、富足的生活、科学的医疗卫生和常识，所以体质较弱的婴儿也能够存活下来。而在中国，这些弱小的儿童面临的只有无情的淘汰。因此，中国人比白种人具有更强的生命力也是合情合理的结论。

在过去一两百年间，我们西方人为生存所做的斗争少了，而且使人长寿的办法也多了，这些对我们的体质是否已经造成了显著的影响？为了探明这个问题，我特意详细询问了33位在中国各地教会医院工作的白人医生。

在这些医生中，只有一名在青岛工作的医术高超的德国医生认为，在体质上，中国病人并未表现出比西方病人更优越的地方。他认为，与他之前接触的艰

老船夫

护送我们穿过长江三峡的一只小船

苦朴素的图林根农民相比，中国病人抵抗力差，对治疗反应迟钝，并且对疾病的忍耐力较弱。另外三名医生在中国从事医疗工作都已长达25年甚至更久，发现东西方人在体质上并没有任何差异。我猜想，他们对之前在祖国所进行的临床实习的记忆早已随时间淡忘，所以在他们的观念中，并没有将两个种族进行比较的意识。而且，其中两位医生承认，中国人对高烧的忍耐力尤其突出；白种人会死于败血症，而中国人却能痊愈。

其他29位医生则非常肯定中国人在体质上确实有某些比西方人优越的地方。就拿外科手术来说，他们一致赞同一位英国外科医生的看法："他们总能安然无恙地战胜疾病。"大家普遍认为中国人很少因为外科手术而休克。而且，就严重外伤手术的痊

中午街上的挑担人

愈率来说，在中国设备不全、消毒条件差的教会医院所做的手术，与在西方国家设备精良、消毒干净的医院中所做的手术，结果不相上下。福州的金尼尔医生最近刚从德国休假回来，也证实了这个结论。在中国，他使用简陋的设备和当地的助手，来治疗手上的炎症，其结果和在柏林用完美的设备治疗的结果一样良好。所以我们能够得出这样一个观点：如果在同等条件下，跟白种人比，中国人更能从大手术中彻底快速地康复。

中国人从重伤中痊愈的能力总是让人惊叹不已。据说在一次事故中，一个苦力的腹部被划开，结果他手捧着肠子，由别人扶着进了医院。肠子肯定已经受到了细菌的感染，但是未经消毒，医生就把他

痛苦的"金莲步"。真正被束缚的,唯有女人的脚吗?

的肠子送回腹腔内,然后直接缝合。而这个人竟然很快就康复了!此外,中国人对伤口治疗的反应很敏锐,这也是令人叹为观止的。一个小男孩的手指被切断了,只是草率地把手指放回原位,然后用脏兮兮的破布绑了起来。一个星期以后,这个小孩被送到医院,此时,他的手指已经肿得不成样子了,并且表现出明显的破伤风症状。医生无计可施,只能帮他清洗了一下,然后送他回家等死。然而,三天过后,这个孩子丝毫没有破伤风的症状。还有一个人的手指被马车碾碎了,过了几天才来医院。这时,他的胳膊和腋下腺都已出现了败血症。医生只

第二章 顽强的生命力

是对此做了一下简单的处理,病症就消失了。一个伤口长满蛆虫、高烧数日不退的病人被送到医院,把伤口做一下清洗处理,高烧很快就退去了。还有一个妇女身患乳腺癌,动了大手术之后,乳房受到感染,高烧华氏 106 度。这期间,她的丈夫只是用煮栗子喂她。尽管如此,她最终还是康复了。

中国人对败血症的抵抗力让所有医生都感到震惊。在我的笔记本里,记录了这样一些话:"败血症极罕见;中国人对败血症的抵抗能力比我们强";"对产脓细菌有相对较强的免疫力";"对坏疽的抵抗力比我们强。在西方国家,这种病会诱发严重的坏疽,但

| 玩耍的儿童

是在这里却没有这种现象";"对感染有特殊的抵抗力";"非常严重的疽伤,很少有发高烧的情况,而且复原得很快";"妇女在生产过程中能够抵抗住败血症,往往在医生放弃抢救的情况下自己却康复了";"对于败血症,中国人能够经受住一周的高烧而痊愈,而白种人往往会因此丧命"。难怪在洋医生当中流传着这么一个说法:"一个中国病人,只要他还没死,就不要放弃救治他生命的机会。"

在南方,人们并不流行裹足,所以妇女能够顺利生产,也不会喊叫得死去活来,甚至一两天之内就能下床活动。在广州工作的斯旺医生说,好几次请人用小船把他送到河对面去的时候,女船主会让他等一刻钟或半个小时。在这段时间内,这位女船主已经生下了小孩,并把孩子放在船角的破布中间,然后就准备将医生送到河对岸去了!生小孩的时候,她们就在一间又脏又乱的小破屋里面,由一名脏兮兮的接生婆接生。在这种环境下,中国妇女不会得产褥热,而白种妇女肯定会因此而送命。难产的情况下,往往是过了好几天才把洋医生给叫过去取出死婴。产妇会有点低烧,不过很快就能康复。此外,这对产妇的健康和性生活没有丝毫影响。

2. 恶劣的环境

人们生活在这样一个拥挤得让人窒息的土地上，对卫生常识毫无概念，所以人们体内逐渐产生了一种抵抗毒素的免疫力。这让外国人既惊讶又羡慕。新来的外国人被蚊子咬了以后会起个大包，而中国人却丝毫不受影响。人们饮用运河中被污染的河水，却不会染上痢疾。人们很少患伤寒，就算偶尔患上了，症状也非常轻微，甚至难以诊断出是伤寒病。只有经过一系列的检查以后，才能确诊为伤寒。所有的医生都一致认为，在中国，天花不过是个小病。其中一个医生把它比作腮腺炎。此外，风湿热引起的官能性心脏病也极少见。

大多数医生还谈到，对中国病人施用氯仿麻醉以后，他们很少像白种人那样经历一个兴奋阶段，而是直接就昏睡过去了。一阵呕吐过后，他们就不会有什么不良反应了。一名有 25 年从医经验的医生说，尽管有六次手术未曾对病人使用乙醚，但是他从来没有碰到过因氯仿致死的情况。事实上，中国人能够神经麻木地接受手术；而我们西方人是绝对不可能在未经

19-20：世纪之交的中国

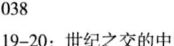

官绅之家

麻醉的状态下接受手术的。通常情况下，小肿瘤切除术和拔牙根本就不用麻醉剂。有时，对大范围的肿瘤进行的深度切除术，或者切除腐烂的肋骨之时，就算不用麻醉剂，中国病人也能毫不畏缩地挺过去。受访的33名医生中，仅有3名医生不认为他们的病人对疼痛毫无感觉。或许，这在一定程度上解释了为什么

第二章 顽强的生命力

中国是世界上使用酷刑最多的国家。不过,并不是所有的中国人都能如此的忍受痛苦。那些秀才文人由于缺乏体育锻炼,大量的脑力活动和体力活动之间严重失调,所以根本就不能忍受痛苦。另外,那些喝酒吃肉、花天酒地的上层人士也不如那些粗茶淡饭、不嗜酒荤的劳苦大众能够忍耐痛苦。还有那些纵情于声色之中的贵族们,往往躲避一切脑力和体力劳动,所以对疼痛非常敏感而畏惧。因此,有人得出结论,对痛苦迟钝并不是整个中华民族的特性,而只是普通百姓不自觉的艰苦朴素和勤俭节制的生活所造成的。

有位医生指出,在西方国家,人们听到给篮球之类的东西充气时发出的刺耳声音,往往会觉得很不舒服,而在中国却

富人和他的孩子

很少发生。还有医生说,中国人很少得神经衰弱和神经过敏症。一名负责军队医疗的长官说,在秋季演习中,士兵们只是用少量茅草铺在潮湿的地上睡觉,但这并没有给他们的身体带来任何不良反应。我还亲眼看到过一个苦力扛着重物跑了两个小时以后,狼吞虎咽地扒了两口热饭,然后又匆忙上路接着跑上两个小时。换作一个白人这样的话,他可能早就因为消化不良痛得在地上直打滚了。还有,中国人好像在哪儿都能睡觉。我就见过他们顶着炎炎烈日,头枕木头或砖块,睡在成堆的砖块、石头或木头上面。他们能长时间保持局促的姿势不动,这比我们对单调乏味的工作的忍耐时间还要长。

上述比较只是一方面,当然,还有另一方面。中国人很少得肺炎,不过他们的抵抗力并不比我们强;

位于江岸边门楣上贴着"福"字的草棚。困苦并未阻止人们对幸福的向往。

第二章 顽强的生命力

北京城街头卖冰糖葫芦的小贩

甚至有医生说他们还不如我们西方人。中国人容易患疟疾,而且颇受其害。在香港,当地人比外国人更容易死于这种瘟疫。中国的孩子很多是死于麻疹和猩红热两种疾病的。此外,在抵抗结核病方面,他们并不比我们占多少优势。尽管他们能够很快从高烧中康复,但是他们却抵抗不住长时间的高烧。有些医生认为,这是由于不卫生的居住环境使得他们的生命力大打折扣。他们好像对新鲜空气有种畏惧感,哪怕是在炎热的夜晚,也会把卧室的门窗关得严严实实,从而阻碍了空气的流通。在教会学校中,如果教师坚持把宿舍的窗户打开的话,学生一到夜晚就会紧紧缩在

被子里面,生怕四处游荡的野鬼会害他们。中国人认为,对那些弱不禁风的外国人来说,注意卫生可能是很必要的;但是,对他们自己来说,则完全没有必要。因此,我们就不会奇怪中国女生总是赶不上美国女生的学习进度了。中国女生往往要中断学业调整一段时间,甚或停下来休个长假。在英国的教会学校中,由于教学进度较慢,所以更适合中国女生。

大多数医生把中国人超强的抵抗力和恢复力完全归因于他们的饮食和生活习惯,而否认他们在种族上具有较我们优越的生命力。其他一些医生,由于面对的是城市中的病人,认为正是恶劣的居住环境削弱了当代中国人的体力,但是,如果处在同等的条件下,黄种人比白种人的生命力更强。

从上文种种陈述中我们可以得出这样一个结论:中国人顽强坚韧的部分要归因于他们独特的种族生命力,而这种生命力是在优胜劣汰的历史过程中获得的,这比我们北欧祖先所经历的文明开化进程更为漫长而残酷。这种自然选择的过程并没有很大程度上增进中国人的体能,而是大大地培养了他们的复原能力、对病毒感染的抵抗力以及适应恶劣生活环境的能力。好几百年了,生活在华南和中部的人们,一直都

第二章 顽强的生命力

是喝着运河或稻田间排水沟里的污水，吃着腐烂的猪肉或以粪池中的污物灌溉的蔬菜，拥挤在污秽的小巷里低矮肮脏的茅房下，睡在散发着恶臭的令人窒息的小屋子里面。由于人口过度拥挤产生了大量有毒的东西，不少人因此死于非命。只有不到四分之一的人能够幸存下来并把这种免疫力遗传给后代。所以，优胜劣汰后幸存下来的人能够忍受住乌烟瘴气、令人浑身无力的毒素、湿气、变质的食品以及有毒的细菌。我坚信，如果同样人数的美国人在中国厦门、苏州生活一段时间，一个夏天过后，就会有四分之一的人丧命。然而，中国人的顽强坚韧是以损害身体的发育和体能为代价的。中国小孩的个头看上去与他们的年龄极不相称——要小得多。刚出生的婴儿比我们国家的要弱小得多。与我们国家相比，在中国，弱者被淘汰得更为彻底。但是在这等艰苦的环境下，假以时日，幸存者的生命力也会被削弱。

我并不是要将中国人伟大的生命力等同于贝多因人（一个居无定所的阿拉伯游牧民族），或是迪雅克人（印度尼西亚加里曼达岛的土著），或是美洲的土著印第安人那种原始的生命力。这种原始的生命力主要表现在超强的肌肉力量和耐力，正常的身体官

富有地方特色可以移动的小吃担子

能，以及忍耐艰难困苦和风餐露宿的能力。但是这并不包括对疾病的免疫能力。假如让这些尚未开化的人到文明社会中生活的话，他们会成群地死去。爱斯基摩人可以住在格陵兰岛上用冰雪砌成的小屋里，但是他们却受不了住在纽约空气清新的公寓住宅里。在开拓殖民地的过程中，欧洲人带过去的疾病传染了当地土著居民，这些未开化的人便无一幸存。这些疾病比

欧洲人的枪炮的威力还要大得多。这是因为,在由野蛮蒙昧社会进化到文明社会的进程中,人们会遭遇一些新的病菌,他们必须培养对抗这些病菌的免疫力。中国人所具有的独特的免疫力能够有效地对抗因人口密集所产生的各种流行疾病。这种免疫力不可能是在

| 女子集会所

五六千年前过游牧生活时形成的,而是进入文明社会以后,人们经过痛苦的磨难才形成的。在这种农业社会中,每一株植物都是病菌携带者;臭水沟代替了清澈的小溪流,到处都是适合蚊子丛生的稻田。这些

适合病菌生存的环境,在人类未进入文明社会之前不会存在,在人们进入更高的文明发展阶段以后也将消失。而今,随着科学技术的发展,人们已经懂得如何清除阻碍社会进步的这些病菌,再以旧的方式培养自己的免疫力似乎也没有必要了,而且人们也不会这样做。

3. 西方人的担心

对西方人来说,中国人在身体素质方面有一种坚强的特性,而这种特性将会构成对西方人极其不利的军事潜力。西方人担心,在残酷的战争中,尽管白种人装备精良,但是在跟同样数量的中国军队作战时,还是可能会遭受致命的打击。今天人们很少去打无准备的战争。然而,在物资供应不及时、生活条件艰苦的持久战中,如果士兵长期缺乏干净的饮水,并且风餐露宿、睡眠不足、疲惫行军、焦躁不安,那么相比之下,白种人更容易被拖垮。在此情况下,如果遭遇肉搏战,哪怕技术上不及白种人,但是他们也能凭借顽强的意志战胜白种人。

鉴于上述种种差异,一些人认为,白人劳动力和

第二章 顽强的生命力

华人劳动力之间的竞争只是对人的价值大小的简单测试。然而,事实并非如此。白种人的劳动成绩优于黄种人,因此白人往往占据了那些工作环境较好的工作。但是在劳动条件较差的情况下,黄种人的劳动成绩则优于白种人。这是因为黄种人不像白种人那般挑剔吃饭穿衣,他们能够容忍变质的食物、褴褛的衣裳、污浊的空气、噪音、炎热、污物、痛苦以及细

正在修建的河堤。高强度的劳动,造就了人们强健的体魄。

菌。以白人雷利和华人阿三为例。在竞争中,雷利能够击败阿三找到条件较好的工作;但阿三能够在较低的生活水平中生活。尽管阿三比雷利工作得好,但是他没有能力抢走雷利的工作。阿三可以靠着低工资糊口;但如果雷利也拿这么少的工资,他根本就活不下去。三四个阿三可以抢走雷利的工作,也可以把工作做得很好;但是他们往往被人们排除在雷利的工作行业之外。雷利努力将阿三排除在自己的工作行业之外,并不是害怕与一个比自己工作得好的人进行同条件的竞争;事实并非如此简单,白种人也并非如此自私而小心眼。事实是,能够胜任好的工作环境的人是生活中的强者,他不愿意将自己的位置让给那些可以忍受较差工作环境的弱者。

当然,随着西方的卫生设施逐渐进入中国,促使中国人坚忍顽强性格形成的残酷自然选择过程将走到尽头。这种顽强的特性将逐渐从中华民族的体格中消失。但是至少在我们这个年代,这仍是一件严肃而重要的事。这需要好几代人来逐渐了解排水、通风设备、医生、护士、食品监察员、纯净水、户外空气和户外运动对放松人的身心所发挥的重要作用,而这

也会同时消除掉中国人现有的独特的生命力。在这期间，西方市场将自由地吸收中国苦力加入其中，并且增加使用廉价、低生活水平的黄种人来代替高工资、高生活水平的白种人劳动力。

ZHONG GUO REN DE
JING SHEN SHI JIE

第三章

中国人的精神世界

具有别样性格的人们

那些新兴的民族往往思维程序也较短,对外部刺激反应很迅速。从他们的经历即可预测他们的行动。他们自我抑制力差,不懂得厚积薄发。然而,历史悠久的民族却不会贸然行事。他们能够很好地控制自己,并慢慢地消化自己的冲动。解释他们行为的答案不在于对他们模糊的印象,而在于发现他们的思想和信念。这些民族的发展进程不是靠一时冲动指引的,而是由他们的目的引导的。他们把混杂间断的激励因素溶化为民族的意志力,这种意志力便是民族历史发展的推动力。这种类型的民族总要听取两种不同意见后才会

做出决定,而做出决定之前是绝不会草率行事的。这种人的情绪有如能够融化钢铁的永恒火焰,是慢慢燃烧的,而不像干草般噼里啪啦一阵子就熄灭了。他听从自己的决定,而不是自己的激励。在如此复杂的社会组织当中,就算一般的行动也要深思熟虑后才能做出,所以对这种稳健可靠的类型的需求是越来越多了。而且在如此科学化的文明里,要做出明智的决策的话,就必须具备一定程度的知识水平。

| 奋力拉车的人

1. 多数中国人都性格稳健

我们通常认为盎格鲁－撒克逊人是这种稳健性格的人。这种稳健的性格是我们民族所不具备的。正如典型的南欧人一样，我们缺乏快速灵活的情感、圆滑的处世风格，以及对美的灵敏感。现在，大多数中国人都是属于这种稳健性格的人。黄种人极少做出急躁草率的行动。他们能够控制自己的感情，知道如何等待时机；他们做事从来不会忽冷忽热。要他们做出行动来并不容易；然而，他们一旦行动起来，就会带着不可遏制的动力去做。他们不轻易许诺，但一旦做出，就定会"一言九鼎"。他们不轻易改变，但一旦做出改变，就会坚定地走下去。他们说话的艺术不同于19世纪英国宪章运动的领袖奥康内尔（o'Connell），也不像法国的甘必达（Gambetta），而同英国18世纪的政治家庇特（Pitt）和19世纪的政治家布莱特（Bright）相似。在中国，人们并不把自杀定为"鲁莽的行为"。因为在这个国度，很多自杀行为都有着一个特定的目的。中国的忠良志士们往往不会去刺杀那些身居高位的叛臣贼子，而是把他们的罪行直陈皇上，然后自刎以示忠诚。无论他们这种强烈的感情是什么，他们的目的都是为了谋求国家的发展。1909年首届省议会上，议员们就表达出了这种感情，他们的自我克制和注重礼仪无不让世人震惊。

夏威夷有位先生写的有关人寿保险的文章中，有些观察很是说明了中国人的特征。他发现日本人敏感、容易被人说动。尤其是如果他知道其他日本人领取了寿险单的话，如果你跟他说他的某个朋友已经入了险了，他就会立刻订一份更大的保单。但是一个月过后，纽约办事处把保单寄过来时，他的热情已经冷却了。如果保险公司不催促他缴纳预付金的话，他是绝不会想到去领取这份保单的。相反，中国人绝不会

| 破败的房子

黄土高原上的路。最原始的路,日晒雨蚀,破败不堪。

轻信人言,更不会贸然行事。他会先把保单样本带回家,仔细研究一晚上,第二天才会做出最后决定。如果他决定加入保险的话,在获得收益之前,他是绝不会缴纳任何预付金的。保单到了后,他先签收,拿回家,一行一行地与保单样本对照。第一天,如果没有出入的话,他肯定会准备好保险金的。我做这么个比较,只是想更清楚地表达中国人沉稳审慎的性格,而绝没有要贬低日本人的意思——因为他们的才能是出了名的,所以这个比较并不会损害他们的形象。

2. 宝贵的天赋为什么泯灭了

中国人的保守与落后民族的保守并不相同,它不

第三章 中国人的精神世界

仅仅是一种情感态度。其产生并不是由于对未知新生事物有所恐惧,也不是由于对那些根植心中的思想体系产生了盲目崇拜和依赖。这种保守是历史发展的逻辑结果。中国人的观念一旦改变,政策也会随之改变。如果有一种哲学能占据他们的大脑,并且让他们开始怀疑过去,相信未来,他们一定会像现在的德国人一样不断取得进步。

北京的马丁博士,传教士中的内斯特①,在这个古老的东方国家工作了60年。他认为当代中国已经失去了他们祖先在辉煌的历史中曾拥有的发明创造能力。据他推测,这种宝贵的天赋之所以泯灭了,是因为使用难记的象形文字和填鸭般的应试教育把中国人的发明创造里都消磨掉了。而我们不禁要质疑,使用象形文字民族素质就会衰退吗?取消应试教育的民族就比推行应试教育的民族更富创造力吗?在我们看来,当代中国智慧上的枯竭是由社会意识水平低下造成的。

的确,跟早期相比,中国的文化发展已经停滞不前了。绘图上他们从来不会用透视画法;音乐上他们也不懂得和声;语言上缺乏关系代词和其他关联词;

---

① 内斯特:Nestor,特洛伊战争中希腊的贤明长老。

去五台山朝圣的僧人。物资的匮乏与条件的恶劣,丝毫削弱不了人们对信仰的执著。

他们的书法还停留在古巴比伦和埃及的象形文字水平。好几个世纪以来,中国人在心理上一直不能接受创新思想。这个民族固执地认为古代圣贤的智慧是至高无上的,所以要他们不拘一格降人才简直就是指望铁树开花。新派思想家刚想提出新观点,就已经被保守派思想的沉重压力胁迫得丧失勇气了。总而言之,社会气氛变得异常沉闷压抑,缺乏激励人们创新的氧气。而很久以前,这个国家还发明了火药、活字印刷、纸币、瓷器、指南针、防水船舱和黄包车。

3. 中国就像一片汪洋大海

中国人的集体意识停滞不前,并非生性迟钝,而

是某种特定的信仰已经先入为主占据了人们的思想。由于这种思想在人们的实践活动中一直有效地发挥着作用,所以它在人们心中扎下了根。在一个人口如此众多的国家,人们能够做到井然有序、安全无忧,并且获得了相当程度的幸福感。而且,他们的信仰仍在不断扩大其影响范围,直到最近,这种信仰才遇到了能与之抗衡的新观念体系。中国文化不断地向外传播,整个东亚地区都被纳入其影响范围之内。基督教的景教派一度在中国兴起,但很快又沉寂下去了。开封府的犹太人甚至丧失了自己的语言和宗教,除了相貌没变,其他方面都与中国人无异了。征服了中国的满洲人也早就忘记了自己的语言和文化,而融入传统的中国中原文化了。有人曾敏锐地指出:"中国就像一片汪洋大海,所有流入其中的东西都会染上他的味道。"在那些卫道者看来,任何试图改进中国文化的努力都是自以为是的行为。因为这种文化是如此的具有征服力,所以他们的这种态度是很可以理解的。

数百年来,中国人都明白自己在世界上所处的位置。或许五百年后,我们的后代也会发现自己处于一个庞大的有条有理的文化体系中。那时科学研究也服从边际效益递减的规律;一个微不足道的发现也要

卖水果的小贩

积累大量的实验研究才能得出；科学会议记录就如同17世纪的教会讨论会那般平凡无足轻重；我们这一代人为了放射现象、病原体、自然选择、物种突变以及心理暗示等重大发现而激动欣喜，但是到了那个时候，人类的精英们已经全然忘却这种因发现硕果累累而热血澎湃的感觉了。到那时，或许我们的民族仍然很有智慧，并且在科学知识和思想体系方面已经发展为一种健全稳固而不可动摇的认识，以至于只有跟

第三章 中国人的精神世界

火星人的交流才能将他们从这种麻木的状态下解放出来,并激发出他们争取创新的激情。

| 略带愚钝,却极和善的人们。

尽管在东西方文化交流中,中国人的思想显得比较贫瘠,但是因此就得出结论说该民族存在诸多不足是很草率的。中国文化正在逐步走向衰落。在这个过程中,大量有影响力的个人将从旧观念中解放出来,并取得相当高的成就。在马来西亚,聚集了不少中国人,他们为了逃避本国毫无生气的环境和偏狭拘束的社会组织而远走他乡。在这里,他们的创造性已经得到了充分的发挥。在没有成见的白人看来,他们的智

19-20：世纪之交的中国

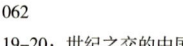

清早的剃头摊子

慧堪与西方人匹敌。一些土木工程师认为，再过二十几年，颇有慧根的中国年轻人接受与西方人同样的科技教育以后，那些高薪的工程和科技白人专家将在中国没有立足之地。在上海，一些聪明的中国人已经开始学习与西方人竞争了。据说他们上手很快，以前只有外国人赚钱的行业，如银行、航海、棉织品交易以及其他一些行业，他们都已开始涉足了。有人就认为，白种人迟早会被挤出中国市场，就好比白种人被

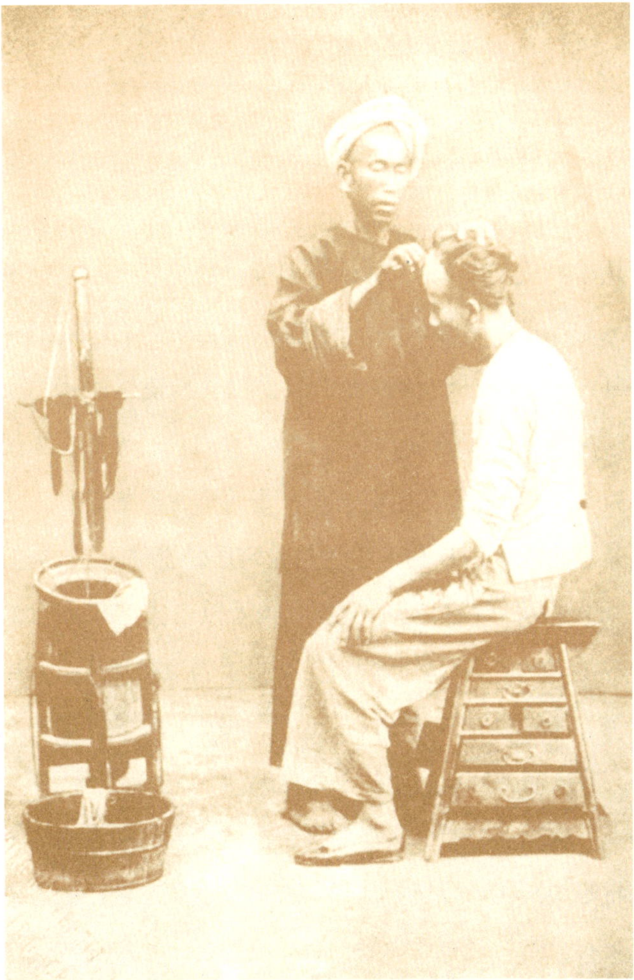

第三章 中国人的精神世界

| 街边剃头匠

挤出日本市场一样，这只是个时间问题。

4. 黄种人才是正常人

我曾访问过43位包括教师、传教士和外交官在内的西方人，他们对中国人的思想都有一个很感性的认识。我问他们："你认为中国人的智力水平与西方人的不相上下吗？"有38位对此做出了肯定的回答。其中一位曾任过传教士、大学校长和使馆顾问的汉学家做出的回答让我震惊。他说："我们大都在中国待了25年时间甚至更久。我们逐渐意识到黄种人才是正常人，而白种人不过是些畸形的变种人。"人们观念的发展趋势是：一旦中国人以西方艺术和自然科学来武装自己，他们将在智力上表现得与西方人相当。不过也有人认为与西方社会相比，中国普通民众与上流阶层在能力上的差距更大。

有意思的是，久居中国的上流白人往往在观念上日趋中国化，以至于他们无法很好地效忠自己的国家政府。有人就抱怨说罗伯特·哈特爵士已经变成一个地地道道的中国人了。据说，许多常驻中国的领事在看问题时往往不同于西方人的观点而跟中国人无异

修路的人

了。看来,东方文明正在逐渐侵入他们的大脑,消除他们的敌意,并控制了他们的思想。在一些杰出的中国人身上,他们看到了中国人的优点:比西方人看问题更全面,具有更宽广的胸怀、更豁达的耐心,这对刻薄而鲁莽的西方人来说,无疑是一个巨大的讽刺。

问题的核心似乎在此:

自从哥伦布发现美洲大陆后,西欧的白种人便侵占了西印度群岛、美洲、澳洲、非洲、海岛和南亚地区;东欧的白人则占领了亚洲的西北部和北部地区。白种人在大肆侵略扩张的过程中,遇到了许多前所未闻的民族。但是他们从没遇到过哪个民族能够抵抗住他们强大的军事力量,也没有哪个民族能够为他们的文明做出任何贡献,更没有哪个民族能够不需要他们在政治和工业组织上给予指导。就这样过了3个世纪,白种人已经习惯了把自己看作地球的主宰者,还认为这是无可置疑的。但是,就在这个时候,他们遇到了东亚民族。这里的人民与白种人一样聪明能干,还对他们的殖民扩张造成了威胁。无论如何,有迹象表明,未来文明的创造者和先锋并不仅仅是白种人,而是由白种人和黄种人共同拥有的。未来的世界将由两个民族共同主宰,而不可能仅由白种人控制。

事实上,在中国,那些能与其他民族和谐共处的外国人都成了中国人的好朋友。吸引他们的不是日本人那种优雅的举止、细腻的情感或精美的艺术,而是中国人民所特有的可靠人品。诚然,中国人是非常可爱的。越是了解他

乞丐

第三章 中国人的精神世界

们,就会越喜欢他们。苛责贬低中国人的人毫无例外都是一些或粗鄙或狭隘或偏执的人。

中华民族绝不是那种性情乖戾、好怒抑郁的民族。冲着他们微笑,他们也会报以友善默契的目光。此外,他们轻快活泼的幽默感也是一个联系国外友人的纽带。一个在中国独自旅行的老外,曾在街上碰到一群流氓。老外便抓住这些人的头目,并用这个人的辫子把他绑在门柱上。围观者莫不大笑,这个老外便安然逃脱了。另外,一个身材高大的外国人发现,当他随意把胳膊放在身旁个子矮小的当地人头上时,旁人总是表现得很友善。他们会冲着这两个身材对比悬殊的人咧嘴大笑。中国人温厚的性格由此可见一斑。

中国的暴民也曾制造过一些恐怖事件,但是其残酷程度远比不上中世纪时白种人暴民所犯下的罪行。固然,由于迷信和无知,中国普通老百姓的思想仍然相当落后。这跟我们白人祖先曾经所处的充满巫术、宗教迫害、舞蹈狂,以及虐待与被虐狂的时期相似。鉴于中国人受的教育极少,看到他们绝不卑躬屈膝的优雅礼节,外国人总会为之叹服。尽管普通百姓都目不识丁,但是他们却非常重视礼貌、端庄的仪态举止。还有,如果在途中,国外游客用中国人能理解的

手势跟他们打交道的话,中国人不会不搭理或态度粗暴地对待这些外国人的。

5. 每个乡村都有一群恼人的悍妇

对中国的国内组织而言,没有什么比该国的老人更可信任可称赞的了。然而,中国的老妪们过得并不像老翁们那般体面风光。多年裹足的痛苦和作为女人所必需默默忍受的苦难,使得中国妇女到老年时脾气变得异常糟糕。在中国,能够见到的面容慈祥和蔼的老奶奶绝没有西方国家的多。男尊女卑的自然结果就是在每个乡村都有一群恼人的悍妇。另一方面,在上了年纪的中国农民当中,她们也是我见过的最为威严、安详而善良的人了。你一眼见到他们,就会觉得这些面孔后面的灵魂,没有掺杂任何的私心杂念,而全是为着他人的利益着想的。实际上,有了孙儿的祖父母是由他们的儿子来负担生活费的。因此,你所见到的中国老农民,有着比美国老农民更为慈眉善目、无忧无虑的神情。

总而言之,我认为,不管从个人角度还是从社会发展角度来看,西方的个人主义比中国的家庭主义更

第三章 中国人的精神世界

优越。我很庆幸,作为一个西方人,可以自由地做出个人的决定、行动,而不会受到来自家庭或亲戚的阻碍。我也很高兴,作为个人,只是对个人的错误行为负担法律责任,而不会因同族人的过失而受牵连。然而,我认为西方的成年人对自己的父母远远没有尽到应尽的义务。通常,西方国家的老年人心里总是被一种沮丧的阴云所笼罩,觉得自己是他人的负担。中国的道德观让父母能够享受更多的权利,而孩子则承担起更多的义务。然而,生活中总有上下起伏。生活好的时候,承担养老的责任并不是太难的事;生活不顺的时候,对老人来说,相应的权利则是一种莫大的安慰。总之,这种"老有所养"的责任给老人带来的幸福远比给孩子带来的不便多得多。让老人过上美好欢乐的晚

正在乞讨的人

年不是一件容易的事，但是中国人做到了。他们的成功让我们不禁开始怀疑西方人的家庭价值观是否存在着问题。

6. 改变旧观念

中国人有着极高的天分，但这并不能保证他们在未来世界里就一定能扮演重要辉煌的角色。中国有些知识分子远赴重洋，留学海外，希望能够探明西方国家繁荣富强的原因。但是，他们对此产生了误解，以为只要全盘接受西方的科学方法和政治体制，就能让他们国民的生活水平、能力与智商立刻达到西方人的水平。然而，现在的情况是，就算所有的中国人都奇迹般地变成积极的改革家，并且愿意引进一切西方的先进技术，要使全部中国人都达到西欧或美国人那般追求高效、安逸以及相同的社会政治的价值观，也还需要很长一段时间。因为有一点可以确定的是，西方国家富强发达的基础绝不仅仅只是我们想的经济基础那么简单。此外，我们把西方国家的繁荣主要归因于我们的制度，其实相对于经济机会来说应该是我们的

第三章 中国人的精神世界

人口较少的缘故。相反,中国的落后与穷困主要归因于其文明和制度的缺陷,而这种缺陷仅仅是因为中国在有限的土地上养活了过多的人口。

如果真是如此的话,中国社会必须要在人口和社会发展机会之间做出重大调整。否则,中国社会是不可能出现西方社会那种繁荣景象的。一方面,中国必须建造铁路,开凿矿山,挖掘油井,利用水能,建立工厂,采用机器,绿化造林,兴修水利,引进家禽家畜和作物良种,并且科学生产食品。这样,中国的经济就达到了西方的水平。但是,另一方面,在当前这种社会制度之下,中国的人口仍然会高速增长。这样,新增的人口把经济增长所带来的财富完全吸收了,因此,中国的国民生活水平完全得不到提高。结果就是,除了中国的人口翻了一番,中国人的贫穷和苦难一如从前。所以说,减缓生育速度对中国人的发展有着同等重要的影响。而这必须改变中国人的一些旧观念,如放弃祖先崇拜,废除家族制,让女子接受教育,解放妇女,提倡晚婚,普及义务教育,禁用童工以及使家庭成员个体化。所有这些改变都需要时间,而且其间不经历任何侵略和内乱,并且能够持续

平缓地进行的话，对中国人民来说也是一件幸事。这个过程最多需要两代人的努力，就能让中国百姓基本上达到美国平民的生活水平。

第四章
为生存而挣扎

19-20：世纪之交的中国

在今天的中国，人们会发现一种中世纪以来西方不曾再有、以后世界上也不会再有的社会现象：人们世世代代都不愿意放弃遍布祖宗坟墓的土地，去开垦新的荒地；也不愿意背井离乡，从文明的光圈中走出来，走向野蛮主义的黎明时代。他们只是一辈子守着自己的家园，在原来的土地上不断地繁衍后代，直到破坏原有的平衡，社会进入一个停滞时期。但是美国人却拥有大好的发展机会，在广袤的土地上精神振奋地开创他们的美好新生活。在他们看来，几百年来，中国的土地上挤满了人，这种生存方式是要以环境的破坏作为代价的，而且这种生活水平和生活状况都显得很是奇怪反常。

1. 没有一寸土地废弃不用

中国人的生活中最引人注目的特征就是，为了满足人类

中国西部的平民

第四章 为生存而挣扎

最基本的需要，人们不停地无情毁灭仅有的自然资源。确实，幼稚的迷信思想阻碍了中国人自由地开发矿产宝藏。而且，有5%到10%——甚至20%的耕地都被用作祖宗坟地了。然而，除此种情况以外，中国的土地使用率达到了惊人的程度。公路旁的土地没有哪一小寸是废弃不用的。田间阡陌仅容立足，不过一到三步宽。而贪心的农民还在不断占用田埂两边的土地，直到铺路石也被毁坏了，可怜地歪歪斜斜地陷入稻田之中。由于耕地太宝贵了，所以农村根本就没有专门用来喂养牲畜的牧场或草坪。就算是山石突兀的陡坡上，山羊也找不到草吃；因为凡是牛能够得着去吃草的地方，农民就能种满玉米。奶牛和水牛只能由老太婆牵着，在路旁或水

老农夫

沟边，或沿着稻田田埂吃到一些草，此外，再也吃不到新鲜的野草了。

游客对所到之处的旅馆中的污垢、虱子和恶臭感到异常沮丧失望，便期望能找个干净之所扎个帐篷住下。然而，别人会告诉他这种地方根本就找不到。这由不得他不信，因为这种情况在中国很是普遍，占了2/3左右。在中国，他根本就找不到路边空间、公共用地、闲置用地、牧场、小树林或果园，甚至找不到庭院或牛圈。除了打谷场以外，户外的每一点点空间都已经被人们种上了东西。当然，如果这位游客愿意付钱的话，他可以在浸水的稻田间、大豆地或者山上的红薯地里找到扎帐篷安身之处。

从某种角度来看，中国确实是开垦成"花园式"的了。因为每块石头都被砸碎了，每棵杂草都被除去

农夫正在用镰刀收割水稻

第四章 为生存而挣扎

了,每株作物都得到了婴儿才享受得到的精心照料。这种作物即将收割之时,另一种作物就已准备播种了;新的作物往往插播在还未收割的成熟作物之间。"花园"一词本来应该让人联想到令人愉悦的美好事物,但是这在中国并不成立。一个又一个村落里面,所有的娱乐空地加起来也不到1/4英亩。中国的村子,没有绿地,没有草坪,没有鲜花,没有装点用的灌木丛,没有公园,也几乎找不到树荫。除了寺庙四周的小树林以外,点缀风景的树木其实都是有特定用途的,而不单纯是用作装饰的。当然,中国内地也有一些有钱人,不过相当少。我怀疑,两千户中有没有这么一家人能够有这样一座庭院:园中有枝藤蔓延的假山,垂柳翠竹相映成趣的荷花池。中国很少有葡萄园、果园和橘园,这也让外国人感到异常吃惊。农贸市场上,蔬菜堆成小山,美味的水果却非常少见。在中国,满足人们的味蕾实在是一种奢侈的要求,所以大多数土地都没有用在主要的商业用途之上,而是用来种植稻米、大豆、麦子和大蒜等生存必需品。

在这里,人们挥洒着热汗只是为了获得一小块新耕地。山坡从下到上都被开垦成了层层梯田。在一座山的斜坡上,我数了一下,有47块这样的梯田,就

19-20：世纪之交的中国

站在田间小路上上的牛。人们的某种特质，就如同这牛，勤劳、愚昧且执著。

像大人国里（《格列佛游记》）的台阶一样。而梯田下面500英尺的地方就是河床，其间有小溪湍湍流出。但是秋天的雨季一到，小溪就会变成咆哮的洪水，肆虐横行，冲进几百田栽满幼秧的珍贵稻田。在山上，由于盖在石头上的棕色土壤太薄了，没法开辟成梯田，人们就顺着自然地势种上了麦子和玉米。而且耕种时不能用犁耙，只能用锄头费劲地开垦。这样的土地，我见过两块倾斜角度成45度的，其他的跟水平线也有至少40度角度。人们住在半英里之上的山上，在长满树的山顶搭建自己的小茅屋，然后爬下山来，将黑色岩石之间的一块块袖珍土地开垦成耕地。显然，这些山坡上的耕地没有树木的保护，洪水一旦冲下来就将非常可怕。黑龙江、汉水和珠江之下1000英尺的地方，本该是翠绿色的土地，却变成了暗蓝灰色或茶褐色。这预示着终有一天，这些无植被保护的土壤将会变成河中无

第四章 为生存而挣扎

用的沙洲；山上长年累月经地质作用好不容易才积累起来的肥沃土壤，也会被冲走。确实，当你知道某些地区必然要走向悲剧结局的时候，是不是也禁不住打了个寒战？想想看吧，山坡只剩下干枯的灰色石头；曾经富饶的山谷满是淤泥和沙砾；人口也要减少到每4平方英里只有一户人家！

2. 奇观是饥饿创造的

研究人类与自然环境斗争的那些观察家发现，在中国西部绵延的大山脉中有一条长达 7000 英尺的狭长山谷。这条大峡谷孕育了汉水、渭河以及让四川

开垦土地的人们

闻名天下的"四水",这恐怕是世界上最为壮观的景象之一了。除了某些无法种植作物的陡崖或岩石之外,上至5000英尺的高峰、下达东河谷(Tung Ho Valley)的底端,都已经被开垦成耕地了。在这么一条垂直的高度上,不同的高度种植着不同的作物:最下面是蔬菜,中间是玉米,最上面是小麦。当小麦长绿的时候,一座座山峰就像戴着一顶顶绿色的帽子。农田在山间重重叠叠,时而向外突兀,时而向内收拢,好一幅诗情画意的优美景致!在这广阔的如古罗马圆形剧场似的土地上,人们能够看到千顷土地,却

乡间的独轮车。是因为女人地位的提高、抑或是脚小无法走路?

第四章 为生存而挣扎

只能看到两栋房子。但是,远处黄色大堤上,却到处可见一排排黑色如地鼠洞似的拱形洞口。这便是一个村落了,因为大多数高地人在干燥的黏土里挖个窑洞,就以此作为住宅。

要开垦较高的斜坡,就得从山里的窑洞爬几千英尺上山。很显然,这种劳心的苦活暗示着人口过多所产生的压力。不断增加的人口好比一潭湖水,不曾向山谷外溢出,而只是不断上涨、上涨。开垦完山脚的土地后,仍然接着上涨,直到只能开垦山顶的土地。一到6月,环顾四周,层层梯田如同空中农场,青葱翠绿,如波浪起伏,好一幅壮观的美景!但是,人们还是会不禁想到,是饥饿这一长期存在的严酷威胁,迫使人们不断艰苦劳作,制造出这样的奇观来的。

水稻只有在薄薄的一层水里才能生长旺盛。所以,稻田必须是水平的,而且要有一圈矮坝围住。在气候适宜的地方,必须要有大量的劳动力来挖一斜坡,引水入田。所以,用于此工事的劳动力数量多到让人难以置信。我曾见过人们是如何改造一条岩石密布的深壑的。这条深壑位于某崇山峻岭的一侧,农民从山崖脚下的一些小矿坑中装满一篮子的泥土,然后一篮子一篮子地往山下运。就这样,他们填平了V

一半埋在土中的门楼

形的谷底。填到一定高度以后,他们就开始筑堤围栏,种上水稻,并引水入渠。现在,这里不再是一条贫瘠的峡谷,而是一道道回转弯曲的梯田。这些梯田有20公尺宽,每一层梯田的落差都有一个人那么高。我还见过另外一条隘谷,小得都藏不住一个小孩儿,结果却被农民开辟出来,种上了一小排水稻。这一小块地还没一块桌布大,由一条不及婴儿手指粗的涓流灌溉着。看吧,就连这种玩具式的小田地都被认真地围了起来。每8英尺就种一株水稻,在这桌布般大小的地方竟然一共种上了19株水稻秧苗!

3. 所有自然资源都被尽可能地利用了

如果不是对土地进行着永无止境的辛勤耕作，肥沃的土地早就消失不再了。以江苏这种低洼地带为例，农民会挖一个椭圆形的沉淀池，好让农田里的水都流到里面去。一到春天，农民就把冲到这个池子底部的粪肥都挖出来做肥料用。诚然，从这池子溢出来的水会带走一些有用的养料。不过农民自己挖个小沟连接主沟，就把这些养料又重新捞回来了。在华北地区的黄土高原地带，农民只要在田地中间挖个深坑，就能把里面的东西挖出来作为肥料浇地。中国的城市没有下水道，当然他们也不怎么需要。太阳还没升起的时候，从农场来的油船沿着城市的运河慢悠悠地走来；老外也已经喝完了咖啡。在西方被扔到下水道的废弃物，在中国却有一大群捡破烂的人兴冲冲地捡起来。雨后，乡下人就背着大桶在街上找肥料。他们从坑洞和小沟里面挖出黑泥来，或者在路边的阴沟里面汲取污物。一条日流量 200 辆马车的大道，如同园中小路一般干净，因为路边的农民总会不停地把掉在路上的东西捡到自己的筐子里面去。

由于人口众多，所有自然资源都被尽可能地利

用了。人们在大海中用耙子捞来捞去,就是为了找点儿能吃的东西。海草海藻之类的东西在人们的饭桌上也颇有一席之地。无数不到指甲盖那么大的贝壳也被人们打开,取出里面的肉,运到内陆去了;雨后草间冒出来的野菌也是人们餐桌上的美食。此外,烤红薯更是穷人的主食了。人们排干了路边的水渠,就是为了找一两条不足手指长的小鱼儿。在山谷间捡了一大筐的草莓,其中一半都还是青果子,就这样也能拿到市场上去卖。杂枝草芥是逃不过年纪大一点的拾柴者的竹耙的。人们收割庄稼时,镰刀也是紧贴地面割下去,因为稻草梗、谷糠还能用来烧火煮饭。小孩子也会把地上的树叶细心地捡起来。你根本见不到哪怕一棵腐烂的树桩或原木。人们扛着大捆大捆的灌木,走上数公里才能到家,然后用这些来烧砖瓦和陶器。当最后一棵树也被砍伐掉以后,那些年轻人还会拿着斧头和锄头到那些又远又高的地方去砍树,甚或把树根也给挖了出来。如果留着这些树根的话,遭洗劫的山脊还能在某天再度披上绿装。然而,这样一来,山林就算是彻底完蛋了。我们问过一个四川人,是否欣赏险峰上盘枝错节的古松。他回答道:"不!如果山崖陡峭得连人都没法爬上去砍树,那又有什么好看的?"

如此的事实,也让我们明白了为什么太原府和西安府用来制造本地火柴的木头只有国外 1/3 那么多。

4. 饥饿总是如噩梦般困扰着人们

中国美食是世界上最美味可口的美食之一。然而对普通人来说,是肚子而不是味觉决定他们该吃什么东西。蚕在吐完丝以后变成蚕蛹还能作为食物。马、骡子、驴子、骆驼完成他们的工作使命以后,就会变成屠夫刀下之肉。自然死亡的猪牛也不会遭抛弃,而

| 磨米浆的老妪

是做了人们口中的鲜肉。有个传教士让他的厨师扔掉死去的小牛，却发现其他的小牛也接二连三地死去。于是，他用石炭酸把死去的小牛处理一下，再让厨师把小牛埋了。此后，他的小牛就不再死了。在广东，猫和老鼠都在菜市场有售。我们的厨师会把家禽的头、脚、内脏都扔掉，但是我们的船夫又把这些东西捡起来，洗干净，然后煮了吃。香港总督为了调查在港开设一家制革厂的可能性，对殖民区的猪皮的最终去向做了个调查。他发现，这些猪皮被做成"海上佳肴"卖给中国人。还有一次，因为九龙地区的癞皮狗严重影响了警察的执勤工作，这位总督便下令要根除这些狗。但他却发现这项法令"牵涉到人们的食物"，显然身为英国殖民地的总督，他是不会做这种事的。

节俭的农民已经把田里的庄稼收割得很干净了，但是那些穷苦的妇女和小孩还把残茬也拔得干干净净，只希望这一天拾的穗能够让他们活到第二天。香港的海岸边上，在仓库和帆船之间有一条小路让苦力搬运货物。这条路两旁往往站满了衣衫褴褛、背着小孩的女人。在苦力搬运着一袋袋大豆和大米时，就有很多人拿着篮子和刷子等着捡袋子里掉出来的谷物。一个为粗糖重新打包的码头上，蹲着60名妇女，在

那些废弃的袋子上面拼命地刮剩下的一点点粗糖。另外一些人则紧跟在搬运工身后，只要他的袋子漏出一点点糖来，他们就立马跑上去装起来。卸货的地方，也围着一群拾穗者。24名光脚苦力在尘土飞扬中来回搬运两个小时以后，一等到最后一袋糖卸下船，这些拾穗者就会马上蜂拥而至，将跳板和甲板上的糖连同尘土一起扫进自己的口袋。

据说小偷比拾穗者还有意思。京汉铁路常常抱怨夜贼把螺丝钉和金属板偷走了，每个月丢失的螺丝钉不下60000个，平均每年要丢失10000多个金属板。小偷把这些东西偷去做剃刀、剪刀、锄头和犁铧。厨师则会想方设法扣留一半肉汤，然后从窗口卖给流动小贩。平时他还会把客人用的茶叶克扣一点藏起来；等到积有一英镑茶叶的时候，他就会找个商贩把这些茶叶卖掉。他会给商贩一点小钱，而这只不过是他的女主人给他买茶叶的一小部分罢了。此外，人们在换衣服时，挂在旧衣服上的旧驼毛也会被偷走。

由于饥饿总是如噩梦般困扰着人们，所以他们总是为了一点工资就拼命干活。中国现在还处于手工业阶段。你可以看见街边的小作坊里手工艺人总在不停地忙着他们的活。那些铁匠、锡匠、铜匠、银匠，雕

缝补破布衣物的妇女

刻象牙、琥珀、龟壳、玛瑙、玉石的工匠。还有编织亚麻、棉花、丝绸等的工匠。尽管长期不停地工作着，但是跟西方国家的机器工业比起来，西方的技工迫于计件工资、协同工作和效率的压力，更是喘不过气来，紧迫感更强，在生活上的开支也更浪费。而且，某些职位上的人由于压力而过于努力工作，在某种意义上就是一种自杀行为。不可否认的是，西江上用脚踏开船的苦力的寿命就缩短了。中国的木材基本上都是手工锯的，而这些锯木匠也是过早地精力交

第四章 为生存而挣扎

痒。那些刨工、大理石石匠、黄铜锉磨工、弹棉花的、碾米匠在工作的过程中其实是在自掘坟墓。医生们也一致同意,搬运工的寿命很少有超过 45 或 50 岁的。轿夫只能干 8 年,黄包车车夫则只能干 4 年,此后他就是一个废人了。而且,由于肌肉长期处于紧张状态,妨碍了血液的回流,所以搬运工和轿夫也深受

拉洋车的情形。前为车夫,车上为乘客,车后为推车者。

静脉曲张和动脉瘤之苦。此外,据一位福建的女医生说,她为好几十名搬运工看过病,只有两名没有患上因负重而导致的心脏病。

在广东这么个有着百万人口的城市里,既没有汽车也没有驮兽。所以,就算最漠然的眼睛也能描绘出满街搬运工那劳累过度的样子:面色苍白,形容枯槁,憔悴疲惫,无精打采中透着明显的精疲力竭;眼神痛苦不堪,看不出半点活力;嘴巴大大地张着,显然是劳累过度了。这些搬运工每天都得驮着一两百英担的重物,像狗一样奔跑,气喘吁吁,牙关紧闭,大汗淋漓。他们肯定是累坏了,就像动脉被割裂后血往外涌般,生命之火也在逐渐熄灭。休息时,这些搬运工也经常是垂头丧气的,一幅毫无生气的样子。不出几年,这一张张面孔就已经满脸皱

| 北京的马车

第四章 为生存而挣扎

纹,表情因疼痛而僵硬;大腿上的静脉如大麻绳般突出;小腿也因静脉曲张血管突出;脖子后面、脊骨以下都已经被磨出了硬块;双肩上的皮肤因为瘀伤而呈紫青色,布满了老茧。这些人家的孩子在10岁或12岁的时候就不可避免地也成了搬运工。8岁小孩读不了书的,就只能干活。

大量不幸的事实说明了普通百姓是怎样地生活在生存与死亡的边缘上的。铜钱是中国最普遍的钱币,相当于1/20美分。但这对普通人来说还是太贵重了,不能满足他们的日常需要。所以,有些省就发行了一种长方形的竹制小辅币,价值相当于半文铜钱。西方厂商想要在中国推广某件商品,就必须制造出适合中国国情的额外便宜的产品。英美烟草公司生产一种香烟,一包20支,只卖2美分。美孚石油公司的灯都是以百万盏的量来销售的,每盏灯的成本为11美分,零售时包括灯盏和其他配件在内,只卖8.5美分。顺便提一句,很奇怪的是,作为美孚对手的亚洲石油公司所生产的煤油在这设计巧妙的灯盏中并不能燃烧。此外,小贩零售用的份额都奇小无比。比如2立方英寸的豆腐、4颗核桃、5颗板栗、15粒炒豆、20粒瓜子都可作为一份零售。卖瓜人的货摊摆了两块没有味

道的手指大小的瓜瓣,以此作为装饰。一些住户在离开肉摊时,会顺手拿一小块猪肉、一点鸡鸭内脏、一小条沙丁鱼大小的鱼,并用草绳绑起来。在安徽,人们不问别人"如何谋生",而是问"吃的哪碗饭"。客人道别时,应该有礼貌地感谢主人准备的食物。细心的观察家发现,中国的百姓平常谈论的话题有4/5是跟吃的有关的。

5. 苟延残喘地活着

舒适的环境跟食物一样稀少。城市中的苦力往往睡在不透气、肮脏的小巷子里面,铺一块木板当床,捡一块砖做枕头,再盖一条棉被就行了。有一次,一位美国的慈善家向华南地区一家医院捐献了有弹簧和床垫的软床,结果,第二天早晨却发现病人全都睡在地上。因为他们习惯了睡木板、盖草席,一旦睡在松软的床上,反倒无法入睡了。

为了生存,人们真是使出了浑身解数,想尽了办法来发明新的谋生方法。我听说有人为了生活,利用自己的体温进行人工孵蛋。有的地方,人们在卧室和客厅的地板上设了捕虫器。这种捕虫器是用

第四章 为生存而挣扎

竹节制作的,底部涂了胶水,其香味能够吸引并捕捉害虫。四川省流行着这么一句话:"早生子,早得福。"最近在该省,有人专门挨家挨户地清理捕虫器上的虱子,然后把干了的胶水换上新的。干这个活,他能够向每家收取1/20美分的报酬。

大多数人在苟延残喘地活着,处于水深火热之中。西江上有个船夫把一个病人扔在岸边,任由其死去。有人责备他的做法不对,他只是答道:"人多命贱。"在一条6英尺宽的街道上,我见过一个身体萎缩而扭曲的麻风病人。他弓着背,拄着拐棍,在街上一步一步地挪动,向路人乞讨。篮子里只有4文钱。广州有个麻风病

保姆

村，政府只发 2 文钱的补助，而这只能买 2 碗米饭。其他的就得靠乞讨营生。还有些人的处境更加悲惨，他们犯罪入狱就是为了获得一口饭吃。每年夏天，黑死病都要夺走 1 万个中国人的生命。这给华南某重要港口的海关高级专员——当然是名外国人——留下了深刻印象。于是他计划在鼠疫流行的港口城市进行严格的隔离检疫。但是，在他寻求中方合作的时候，遭到了道台的反对。这位道台们认为，中国人口实在太多了，要分散人口并安排住处，那他们岂不是因祸得福了？结果，这项计划被迫放弃。去年夏天，鼠疫再度在港口城市疯狂地蔓延开来。但是，道台的话也不无道理。不管怎么说，与其被慢慢饿死，还不如在瘟疫中死快点少受点折磨。而且在目前的情况下，如果因疾病而死的人少的话，

用残破的陶器垒成房子

那么因饥荒而死的人就会更多。

压力是如此的沉重，一个人跌倒以后，就很难再次爬起来。我多次听说，某些雇员因为不称职或者犯了错而被开除，其他地方也不会再要他，他就只有挨饿了。在中国，要开除不称职的员工是得慎重考虑的。西方人能够承受无情的解雇，而在中国这会导致强烈的仇恨和极度的不受欢迎。而且，在中国没人敢独立生活，被孤立的人是肯定要失败的。汉族人不敢跟他的家庭、家族或行会割裂开来。否则，一旦失败，就没有人给他救命绳了。学生集体行为的力量是很强大的，他们会组织罢工、游行等等。不管他们的行为有多么幼稚或不当，可总是团结一致的。明智者从来不会去阻止其伙伴的荒唐行为。他的经历告诉他："顺之者昌，逆之者亡。"同样的，援助支持自己的亲属是最重要的责任。所以，官员、兵工厂督办或大学行政官员，往往都会利用职权把工作分给自己的穷亲戚，而这正是遵照他认为最基本的伦理道德行事的。

中国人有一条公理：万事和为先。他们甚至主张跟犯错的人妥协，而责备那些固执己见的人。当然，在他们的情况下，害怕惹麻烦倒是情有可原。比如，

一艘小船上人很多，船舷离水面只有一掌高了，这时，必须不惜任何代价来避免混乱出现。所以，在和平被打破之前，所有人都必须极力忍受痛苦。

6. 贫穷的原因

在对生活的看法上，大多数中国人都是非常实际的。对陌生人，他们也会不断纠缠着问他的收入、资产和花销。他们狡猾地用纸钱代替真钱来祭奠死者，并且在葬礼上把用纸扎成的值钱东西烧给死者。他们祈祷也是为了获得物质利益而非精神福祉。他们还精明地比较各种菩萨和祭坛降福的能力。某些偏远地区有一些又小又破的神龛，因为实现了人们的愿望，所以神龛面前堆满了人们还愿用的贡品。如果人们热切地祈求降雨，老天却仍久旱不雨，满腔愤怒的祈祷者甚至会捣毁神像。不过，跟中国人有深入接触的人并不认为功利主义就是中华民族的特性。其实他们是至高无上的理想主义者。你能从少数信佛或信基督的人脸上看出圣洁的精神光辉。其实，中国人的功利主义是由艰难的经济条件造成的，是长期以来担忧生存问题的产物。在中国，只有极少数人没有生存之忧，而

挤在独轮车上的乡民

代写书信者。在文化普及率极低的社会里,这是一个令人羡慕的职业。

他们的影响并不足以抵消普通人的忧虑。

同某些社会学家的理论相反,这种为生存所做的激烈斗争并未显著地促进经济和社会的发展。这是一种静态的而非动态的影响。它所产生的是压力而非进步。因为促进进步的方式主要是发明创造;而这些贫穷的奴隶们只是为生存而斗争,是不可能促进社会发展的。

大部分解释国家贫困的理论并未考虑到中国的国情。中国拥有人类最为富饶的土地,所以他们并不是因为土地贫乏而贫困的;中国人是世界上最能承受繁重劳动、最能坚持不懈的民族,所以他们的贫困处境也并非懒惰造成的;中国人有技术娴熟的农民、精湛的技艺,所以他们的问题也不在于缺乏智慧。他们也不是因为盲目攀比的恶习而掉进了铺张浪费的深渊。诚然,吸鸦片和赌博毁了不少家庭。不过可以确定的是,没有这些恶习的家庭和大众,其生活水平也远远低于西方国家的生活水平。这也不是统治者疯狂剥削掠夺的结果,因为如果政府为百姓做得少的话,他们能剥削的也就少了。收成好的时候,政府的财政税赋远远不到压榨的程度。中国的财政预算本该是我国的4倍,实际上却只有我们的1/5。个人自由和财

第四章 为生存而挣扎

产安全是社会繁荣的基本条件，而这也很好地建立起来了。虽然工业投资没有保障，但是土地和商品的产权还是得到了应有的保护。百姓的艰难处境也不是剥削造成的。在城市中，也有极少数富人；但是一出城市，走上好几个星期，也看不到任何有钱人阶层的标志——宅第公馆、优美的田园景致、华丽服装以及富人用的马车和扈从。农村也有一大片沃土良田，尽管生存的斗争仍然严峻，但是耕者有田地和农具，他们并不用向谁缴纳赋税。

如此勤劳的一个民族却赶不上欧美国家，原因只有一个：有限的生活资料要养活巨大的人口。那么，为什么这个民族会出现这种情况呢？为什么如此优秀的民族要如此疯狂地繁衍后代，以至于为了生存而悲惨地斗争呢？如果你了解中国家庭的结构，你就会明白这一点了。

中国人认为，如果每年不举行两次特定的仪式，其子嗣没在祖宗坟前烧纸钱祭奠的话，死者和祖宗的鬼魂就会四处游荡，向别的鬼魂"讨饭"。故而孟子曰："不孝有三，无后为大。"所以，男人的第一大事就是传宗接代。作为父亲，他不仅希望得到许多儿子，而且由于中国人的寿命不长，父母也有权为儿子

人如潮涌的江边码头

的婚姻大事做主,所以他更希望在有生之年见到儿子成家立业。儿子不到21岁,父亲就理所当然地为儿子挑了个媳妇。这对小夫妻要跟父母住在一起,直到儿子能够自力更生为止。这跟西方人完全不同。我们都认为没能力成家之前就不能结婚。对完整家庭的偏好促进了中国人口的繁衍。儿子的婚姻自己不能做主,而只能由父母做主;因为父母为儿子挑媳妇并供他们的生活。在大学,1/20或1/10,有时甚至是1/5的学生都已是已婚者。毕业班中当父亲的也并不少见。

由于新娘得比新郎年纪小,所以男孩早婚也就

第四章 为生存而挣扎

造成了女孩早嫁。中国女孩的平均结婚年龄是 16 岁,有的甚至在 15 岁。城里人受国外思想影响,结婚年龄有所推迟。据说,北京为 18 岁,上海为 20 岁,重庆为十七八岁——以前曾经是十四五岁。学校教育也把女孩的结婚年龄推迟到了 20 岁,但是 2000 名女孩当中没有一个是上过小学的。两年前,北京教委规定,政府学校的男、女生必须分别年满 22、20 方可结婚。

实际上,20 岁的女孩不是妓女的话都已经出嫁了;这个年纪的男孩有 5/6 也都成亲了。这意味着亚洲各代比欧美各代之间的时间缩短了至少 1/3。假使他们的家庭大小跟欧美国家差不多,由于他们四代同堂,而欧美国家只有三代同堂,所以他们的人口繁衍也比我们快得多。但是他们生孩子的观念跟

夫妇

西方人不同，所以他们的家庭实际上比欧美家庭大得多。中国人的家族观念非常浓厚，如果穷人养不活自己的小孩，他可以把一些小孩过继给亲戚养着。由于存在祖先崇拜和养儿防老的思想，中国人领养的小孩比我们想象得多多了。事实上，无子嗣的夫妇非常渴望领养儿子，结果使得拐卖儿童的交易异常活跃。这给上海当局带来了极大的困扰。死者会留下一笔资金以救济贫困的同族人。就像当年英国济贫法提供了教区救济保障一样，以上种种因素也极大地鼓舞了盲目生育。

跟西方国家相比，中国的子女对父母的责任要轻得多，而父母对子嗣的期望更大。由于中国人不像西方人有储蓄和投资的机会，他们只能依靠儿子的收入养老。儿子就是父母眼中的养老金。女婴可能会遭溺死或卖掉，但男婴永远不会有此命运。中国是一个典型的父权制社会。一个40岁、有家室的先生，仍然要把月薪上交父亲，这是他的职责所在。只有独子是一件不幸的事；而子孙满堂则是一件可喜可贺的事。

再者，中国人往往喜欢根据某人后裔的作为来评价此人。远古以来，中国人认为最有价值的东西依次是：后裔，学识，财富。从生存空间充裕的远古时期

第四章 为生存而挣扎

到现在，土地在沉重的人口压力下呻吟，而这一古训仍然没变。人们仍然羡慕那些葬礼上子嗣成群的人。孙子甚至重孙参加葬礼，是对死者特别的祝福。

小学生们在吃午饭

所以人们很热切地盼望生子，而且越多越好。据说在广东，女人为了多生小孩，就把刚出生的乳儿交给奶妈带，以缩短生育间隔时间。在西方，很多父母都愿意把多余的小孩交给某个机构抚养；而在中国，

19-20：世纪之交的中国

| 迎亲队伍

不到极端困难的时候，父母是不会把自己的小孩交给别人抚养的，而且一旦渡过难关，他们又会把小孩要回来自己养着。儿子就像是分期付清的养老金，所以不到万不得已，父母是不会放弃亲自来养育儿子的。有哪家西方人创办的儿童之家，敢像有32万中国人的香港一样，创办一家"天使之家"，照顾所有小孩，而在他们父母方便的时候又归还回去呢？

在西方，如果妻子不同意，就算是有钱人也不能合法生养太多小孩。然而在中国，小妾的地位是合法

的,她生的后嗣也是合法的。所以,一个男人可以随意娶很多妻室,生很多小孩。在美国,30到35岁之间的妇女仍有1/6未婚;而在中国,一千个人当中也找不出一个老处女。所以,几乎所有女性的生育能力都得到了充分的发挥。

因此,种种因素共同作用,促使中国人忽视经济发展而无限繁衍后代。中国的家庭体制陷入了一个误区,然而尚没有一个马尔萨斯[①]式的人物让中国从这种错误的满足中觉醒过来。中国人相信,不管这个国家出什么问题,其家庭体制是没有问题的。他们还企图教育无政府主义的西方人学会孝顺,并在两性关系中树立正确的观念。中国的思想家从未想过"人口繁衍的速度是决定大众生活水平的重要因素之一"。如果西方人对中国学者指出这样一条政治经济学定理,中国学者会用陈词滥调自我安慰说:"不过多添一碗饭罢了,没什么区别的","鸡食总是有的","独生子要挨饿"。就是说,独生子往往会被宠坏、没有出息。

---

① Malthus,马尔萨斯(1766—1834)英国经济学家,著有《人口论》(1798年)。认为人口的增长比食物供应的增长要快,除非对人口的增长采用道德的方法或战争、饥荒和瘟疫加以抑制,否则会导致不可避免的灾难后果。

或者，他会拿一些富足的大村跟穷困的小村做比较，然后得出结论说人口密度跟贫困没有任何必然联系。

如果人类继续盲目繁衍后代，直到有一天，当土地生产不出足够的食物时，大自然的惩罚就必然降临了。死亡率会跟出生率持平。在中国，生存的压力往往发生在小孩出生之时，而不是他们成年后处于半饥饿状态继而大量死去，这可以说是不幸中的大幸了。居高不下的婴儿死亡率简直让人难以置信。有名妇女生了11个小孩，无一幸存。有的生了7个，也全都死了；也有的11个孩子中仅有2个孩子活下来了；还有的12个孩子中仅存4个。这样的事例比比皆是。有名传教士对其所在地区做了调查后发现，10个孩子中只有一个能长大，其他的都过早夭折了。麦克卡特尼医生在重庆工作了20年，估计该地区有75%到85%的婴儿活不过两岁。1909年对香港的出生率调查表明，87%的婴儿不到1岁就死了。日本人对台湾地区的第一次人口普查显示，中国小孩中几乎有一半人不到6个月就死了。

如此骇人听闻的婴儿死亡率并不单单是贫穷造成的。大多数刚出生的婴儿身体都很虚弱，这可能是因

第四章 为生存而挣扎

为母亲尚未发育完全的缘故。中国人也不知道用牛奶,所以没有母乳的婴儿就注定了早夭。就算能够得上母乳,无知的妈妈过早使用成人食品喂养婴儿,也造成了婴儿的发育不良。某些地区,有不少婴儿因为吃了不易消化的蛋糕而被噎死。由于母亲不懂得怎样照顾婴儿,这种无知造成的婴儿死亡率高得可怕。然而为了保证有限的食品供应能够养活相应的人口,这种死亡的损失却是必要的。所以,不止一个医生认为应该组织一个医疗宣传小组,教这些年轻妈妈如何保护自己的孩子,这是一个重大的责任。

当然,绝大多数婴儿死亡跟经济压力有直接的关

这些女孩很难有发展机会

系。人们都认为女儿只是一个负担。因为不管怎样,女儿养大以后终究是要嫁人的。只有在家里没有男孩的情况下,女儿才会把父母接过去跟丈夫一家住在一起。所以经常有被溺死或抛弃的女婴,也在情理之中了。在一些大家庭中,父母根本没能力养育那么多孩子,所以,有的女孩因为没人照顾就默默地死去了。有个湖北人死了两个孩子,他会说:"丢了两个孩子,我又少了一点负担了。"另一个原因就是缺乏足够的优质食物,所以很多孩子都发育不良。由于人口过多,很多孩子死于麻疹和猩红热。

福州的寺院和童婴塔。遭遗弃的女婴被扔在这里。

第四章 为生存而挣扎

人口过多不仅意味着贫困和苦工,同时也意味着中国人人均寿命比西方人短 15 年。当然,在人口稠密地区,自然环境也遭到了严重的破坏。不知不觉中,他们污染了土地、水、空气和生长中的作物。大多数人还是够吃的,但是能够储存下来的粮食就很少了。毫无疑问,这里的人们已经达到了文明的标准——他们热爱和平,辛勤劳动,孝顺仁爱,客气礼貌,诚信守约,尊重他人。但是,由于人口众多,就算有点富余收入,摊到每个人头上也少得可以忽略不计了,所以,至今他们仍然活在悲惨的世界里。冬

> 行人在寺院内纪念碑帝的树荫下休息

天,他们穿的不过是两件粗糙的蓝棉布衣。夏天,小孩子就赤裸着身子,大人也都光着膀子。他们住的茅草房,没有烟囱,墙壁被熏得漆黑;窗户没有玻璃;厕所也很简陋;桌子上积满了污垢;地板也很脏,家养猪和鸡鸭任意争抢着地上的剩饭剩菜;泥炕上铺一条破席子就是床了。没有草木,没有鲜花;没有木地板、地毯、窗帘、壁纸、桌布和装饰品;没有书本、图片、报纸和乐器;没有体育运动,没有消遣娱乐,也很少有节假日和集会。但是到处都是赤身裸体的小孩子,在满是尘土的地上爬行蠕动、滚来滚去。可笑的是,穷人家最大的财富就是这些孩子,除此以外,其他东西都少得可怜。

在一次人口普查中,安徽某个管辖着方圆11平方英里村庄的领导说,该地区共有1.4万人,每平方英里约有1200人,即每英亩2人。尽管有大量荒地,山东每平方英里还是有700人。但是,如果认为无论何时何地中国都挤满了人,这也是错误的。30多年前,7/10的山西人死于饥荒。现在,触目之处,只有空旷的土地和残垣断壁,说明这儿人丁并不兴旺。自从省会太原的铁路开通以来,大量人口从山东转移到山西。陕西的情况亦是如此。该省有500万人口死

第四章 为生存而挣扎

于 19 世纪 70 年代的回民起义，3/10 人口死于 1900 年的饥荒。甘肃、云南、广西各省经历了镇压农民起义的大屠杀后，一直没有恢复元气，曾经的耕地也成了一片废墟。镇压太平天国的大屠杀也给江苏和浙江留下了深远的影响。海边城市广东和福建人口大量往外迁移，城市也得以复苏。第一波移民浪潮涌向了台湾和加利福尼亚，然后又转向印度尼西亚、马来西亚、印度支那、新加坡、菲律宾、缅甸、泰国、婆罗州和澳大利亚。中国这些省份中约有 1000 万人口为了生存而移民国外。近年来，有 900 万美元流入三宁地区，这都是第一批侨居加州和新加坡的广东人带回来的。在福建沿海农村，你可以看到红砖构造、地基牢固的农房，铺砌一新的打谷场和雄伟壮观的宗祠。如此惊人的变化都是由移民的汇款改

穿越黄土高原奔向遥远铁路线的商旅

造的。距福州 30 英里远的一个林区,老虎经常出没,还能见到曾经开垦过的梯田,而现在已经没有必要继续耕种了。

我们可以比较有把握地预测,不久的将来中国会出现人口问题了。在当前时代,中国政府将会效仿西方模式。由于苦情能够得到及时的解决,起义也会停止,或者被常备军扼杀在摇篮里。铁路建成以后,中央集权政府就能够把一个省的多余粮食运送到受饥荒威胁的其他省市,这样,饥荒也会被消除。同时,人们已经开始向鸦片宣战。人们的安全感建立起来以

围坐一起吃饭的男丁

第四章 为生存而挣扎

后,城墙将被拆除,一度被关禁的人们将自由扩散。城市中将修建起宽阔的街道、花园和下水道。人人都能喝到过滤水。经过大学培训的医疗小组能够与疾病做顽强的斗争。各地卫生检查官会像今天的香港人一样,向传播疾病的老鼠和蚊子开战。人们还将通过隔离检疫、免疫血清和隔离医院等方式向传染病宣战。人们也能喝上牛奶了,护士会教年轻妈妈如何照顾刚出生的婴儿。这样的话,中国的死亡率将从现在的50‰或55‰的高度降到现代日本人的水平,即20‰。

但是要把出生率降低到同样的水平,则完全是另外一回事了。当前中国的出生率为50‰到60‰,是美国人口的3倍。在白人的世界里,除了俄罗斯部分地区和法裔加拿大某些教区外,没有哪个地区有这样高的生育率。在本世纪消除祖先崇拜、早婚、建立大家庭和妻子的从属地位等陋习,尚非难事。因为至少一两代中国人会以东方人的方式盲目迅速地繁衍后代,但是却因引进西方先进技术,人口死亡速度会变缓。死亡率降低至20‰之时,出生率仍是死亡率的两倍以上,而且这个数字还会以每年2%以上的速率递增。显然,就算农业高度科学化,提供的粮食也无法满足如此高速的人口增长。要么移民,要么饿死。日本曾经将过剩人口转移到国外,结果今天在朝鲜和

东北三省造成了严重的政治问题。此后四五十年间,过剩的中国人向外转移的规模要比日本人大上10倍。由于1/3的成人能够阅读,而且日报让最偏远的山区也能了解世界发展的潮流,所以将有18个而非两个省会掀起移民热潮。这些黑头发的觅食者将如潮水般涌至墨西哥、中南美洲、西南亚、小亚细亚、非洲甚至古老的欧洲。"我们该如何对待中国人"这个问题,加州人、澳洲人、加拿大人和南非人都轮流问过,将来这还会变成一个世界性问题。

MIAO MANG DE
GONG YE QIAN JING

第五章
渺茫的工业前景

19–20：世纪之交的中国

参加公路奠基仪
式的官员

1."黄祸"的三种可能

西方人所说的"黄祸"大致有三种可能。第一种可能是，一旦中国人将西方知识技术应用于挽救人类生命，西方白人社会的低出生率和高工资的现状注定要被颠覆。这是最为切实而迫在眉睫的可能，恐怕只有统一制定排外政策才能防止这种可能性出现了。第二种可能是只要有一位拿破仑式的东方人领导一支庞

第五章 渺茫的工业前景

大的、装备精良、训练有素的黄人军队，白人肯定会被打败。这支军队不仅会把西方列强驱逐出亚洲，假以时日，甚至会横扫欧洲。

其实第二种可能性带有明显的梦幻色彩。只要去过中国，跟中国的无产阶级打过交道的人都不会赞同这种看法。事实上，除了西北一些穆斯林教徒以外，中国人的尚武精神荡然无存。普通百姓并没有西欧人那种好斗的冲动，也没有那种意志力。中国人吵架都像女人似的，一贯提倡君子动口不动手。他们只会胡乱挥舞着拳头，却不会打在让对方致命的头部。比如几个苦力吵架的时候，使人印象深刻的并不是他们打斗的威力，而是他们谩骂对方时语言的丰富程度，简直让人叹为观止。

中国人的这一特点与日本人的好斗形成了鲜明的对比。由于日本刚刚摆脱军事封建主义，故而他们还保持着很强的尚武精神。新加坡某次隔离检疫中，3000中国人与300日本人同时被隔离。日本人提出了一些傲慢无理的要求，比如他们要求先于中国人就餐。这些崇高的中国人本来可以轻而易举地制服这一小撮日本人的，但是最后，为了不惹"麻烦"，他们居然接受了日本人的无理要求。当然，中国人并不是胆怯软弱的懦夫。实际上，他们一旦被激怒就会变得猛虎般凶暴。他们只是觉得打斗不是解决争端的办法。在他们看来，打斗并没有用，而且是愚蠢的表现。在马来半岛上，人们发现，不管在场的中国人多么喧闹，只要一位领导举起手来，他们就会安静下来听他把话说完。他们的骚动是分场合的、适度的。他们从不对自己人发火，而日本人或东印度人则不然。

| 火车站的路警

与旧式军队相比，新式军队有了长足的进步，但是其战斗力仍然很值得怀疑。一个美国人问几个预备役军人："你觉得当兵好不好？""很好啊。""如果战争爆发了你怎么办？""噢，朋友会及时通知我们的，所以我们可以逃跑。"苦于跟西方人的斗争中屡

第五章 渺茫的工业前景

战屡败，高傲的满洲统治者打造了这支新军队作为复仇的工具。但是中国人只是用这支军队来防御敌人，而不会对别国发动进攻。这些军官已经没有了威武的面貌和刚毅的下巴，毫无压倒一切的意志。士兵们那彷徨的眼神、毫无侵略性的举止，都充分说明了这些穿着卡其布的军人不过是些纯朴的中国小伙子。日本农民有着军人般勇猛无畏的气质，而中国军人却有着农民般逆来顺受的忍耐力。中国人相信，真理就是力量，一切问题都应诉诸"理"。这种观念是如此的深入人心，只有遭受一系列的冲击才能动摇中国人的这种国民特质，他们的尚武精神才能表现出来。很早以

毫无凶狠刚毅表情的军官

前,中国人就已经对和平丧失了信心,所以通过征服手段,中国将会变得强大不容欺凌、繁荣昌盛。

关于"黄祸"的第三种可能是,东方人在工业上战胜西方人。中国人勤劳、节制、聪明,再加上他们人口众多、对生活水平要求不高,有些人已经预料到中国将变成一个工业大国,把西方人逐出中国市场,世界市场上将充斥极其廉价的中国制造的钢铁、工具、轮船、机器和纺织品。而经过与雇主长期激烈的斗争冲突之后,西方国家的工人要么被迫接受跟中国人同水平的低工资,要么就得饿死。面临这样的灾难,西方的工业列强既不能采取移民壁垒的方法,也不能采取关税壁垒的方法,竟然没有能力保护自己。

2. 廉价劳动力的海洋

无疑,中国劳动力的廉价性让所有工厂主垂涎。上海某缫丝厂的女纺工每天工作11个小时,所得的报酬仅为8到11美分。然而,上海的工资算是高的了,这里的工厂主们还经常抱怨说这些工人很精明,而且被宠坏了。汉阳钢铁厂的普通工人每个月的工资

第五章 渺茫的工业前景

中国的传统织布机

是 3 美元，仅为美国南芝加哥钢铁厂技术不熟练的斯拉夫工人的 1/10。在汉阳，有经验的技工月薪为 8 到 12 美元。距长江 1000 英里的宜昌有一个煤矿，矿工们每天要把煤扛到距长江 1.5 英里的地方，而每扛一袋 400 磅重的煤才得到一美分的报酬。矿工每天平均扛 10 袋，隔一周就得休息一次。矿工每人每天只挣 7 美分，还不包食宿。也就是说，每餐花在吃饭上面的钱只有 1 美分。他们每天要在淹过膝盖的深水中工作 11 个小时，双腿都被泡肿了。每工作一个礼拜,他们就不得不休息几天。矿工的报酬如此低下,因此,这里的煤矿(半烟煤)每吨只卖35美分。成都的雇佣工人每月工资为1.5美元,雇主并不提供食宿。在四川,壮丁都很乐意为我们老外抬轿,每天挣4美分。在西安府,普通劳力每天能挣3美分,或者每个月挣80美分,这仅够自己吃饭的钱。在山西,到处为人收割庄稼的人每天只挣4到12美分;农场工人每人每年只有五六美元,也只能糊口。一般来说,在中华帝国的任何地方,只要他提供每天8到15美分的工资,就能找到许多自愿出卖劳动力而且技术颇为不赖的劳工。

中国的劳动力是如此巨大的海洋,似乎预示着该国正处于制造业发展的前夕,并且将改变世界贸易的格局。该国工业的初步发展更印证了这一说法。短短20年间,中国建立起了46家缫丝厂,

黄河上的渡船

其中38家设在上海。有十多个纺织厂向当地手工织布机提供纱线。在上海，已经有一些生产玻璃、香烟、肥皂、牙刷、面粉等的民族工厂。汉阳钢铁厂有5000名车间工人，另有数千名开采和运输的煤矿工人。该钢铁厂还在扩大自己的规模，去年，它跟美国一家辛迪加公司签订了一个为期15年的合同。合同上规定，每年为一家钢铁厂提供36000吨到72000吨的生铁。

根据表面现象，可以预测到中国将面临一个快速而巨大的发展阶段。对我们民族而言，看你在乎的是百万百姓还是百万富翁，这可能是一次灾难，也可能是一个福音。但是，透过表面现象深入地观察，你会发现，黄种人的工业振兴不可能在当代得以实现，而需要几代人的努力。

3. 无所不在的"潜规则"

中国工厂必须先满足国内人民对加工产品的巨大需求，之后才可能涌向世界市场。尽管中国人的人均购买力不足美国人的1/7，但是中国市场比整个美国市场还要大得多。据估计，中国人年均消耗的棉织品

19-20：世纪之交的中国

妇女正在纺织土布

足够铺一条从地球到月球的、宽60英尺的地毯！由于市场不断地扩大，东亚将会提供大量机器制造的纺织品、器具、工具、餐具、化妆用品和钟表等廉价商品。这些产品源源不断地从本国工厂流向世界，总有一天——尽管非常遥远，白人的产品会被中国人的工艺品挤出南美或非洲市场。

再者，商品价格不可能一直与低工资一样低廉。尽管中国劳动资源丰富，但是其劳动力必须经过一段长期的教育、技术培训和适应工厂环境过程，才能逐步赶上德国或美国的工人水平。华北地区某个铁路运营中心是一家国营公司。该中心从欧洲进口筑桥材

第五章 渺茫的工业前景

料，搭建横梁并定位钻孔，并以最低廉的价格出售给所需之处。尽管中国的劳动力价格是比利时工人的1/5，中国人自己装备的桥梁还不如直接从比利时进口便宜。这意味着目前一个比利时的钢铁工人能够抵得上5个中国工人。要使中国劳工掌握这些必需的技术，还需要至少一代或两代人的努力。

中国的活跃地区大约与美国东部落基山脉地区面积相当，但是其铁路尚不足7000英里。密集的人口和集约型的农业决定了中国大部分地区的交通具有巨大的潜力，应该是现有里程数的10倍。如果能够经济地建造和经营的话，这些铁路能够为投资者创造非常可观的利润。现在，若能利用中国的闲置资金，就能在30年内建成该国所必需的铁路。不过不要忘了，除了一些通商口岸，新工业的兴起还有待中国人的主动着手。李鸿章时代外国人对中国的铁路和矿产享有特权，一个外国人能够在矿产资源最丰富的省份，开采5400平方英里的煤矿或钢铁，但这已成过去了。中国的民族主义情绪正在高涨，"中国是中国人的中国"的呼声，结束了外国人在中国人的特权时代。中国政府已经收回了一些铁路的特许权；山西人向北京联合铁路公司赔偿了215万美元，以撤销该公司在山

江面上鱼贯而下的竹排

西建筑铁路的特权。显然,中国将像日本一样小心翼翼地把外来的剥削者拒之门外。境内的工厂和矿山要么由中国人自己经营,要么弃置不用。但是中国的官僚贪婪成性,而且不受法庭或公民选举的制约,民族资本家们不由得心灰意冷。沪杭铁路是一条完全由中国人建造经营的铁路线,其中一名主官告诉我说,在建造过程中遇到的最大麻烦是官员们名目繁多扰人工作的"视察"。为了保证工作的顺利进行,他们不得

第五章　渺茫的工业前景

不贿赂前来视察的官员。不仅如此，北京政府还强派给该公司一笔没有用处的外国巨额贷款。要不是股东防范官员侵吞巨额用款，这笔贷款早就被政府官员花光了。所以，这笔贷款并没有用于铁路建设，而是分成小股高利贷。只要贷款期限一到，就能马上还清这笔贷款。

　　福建省的情况就说明了不负责任的当局是如何破坏企业经营的。近50年来，福建人浪迹于英国和德国人在东南亚的领地。其中有一些人做商人、种植园主、矿主、承包商和实业家而发财致富了。一些人带回了资金、技术和管理大型企业的经验。但是，除了一家锯木厂——也是我在中国见到的唯一一家——我还从没听过该省有任何现代化企业。煤炭也还静静地躺在地下，无人开采，只能任由洪水一次又一次地冲击。有一个因在马来西亚的霹雳州从事西矿开采而致富的福建人——马来西亚有30名中国的百万富翁——告诉我，他们之所以不在家乡开办工厂，是因为害怕官方的"压榨勒索"。

　　广东汕头附近的矿藏极为丰富。但是如果一位退休的新加坡承包商轻率地在此投资着手采矿事业，结果会如何呢？首先，矿床附近的客家人会向他索要一

些钱财，否则开采工作会受到当地人的滋扰。其次，还得收买当地的地方官。"厘金"官会先狠狠地勒索一番，然后才能让进口机器到工地上去。产品运往港口的途中，每到一处，就得贿赂当地官员方得通行。最后，由于人们的迷信思想严重，他们担心开采地矿会断了龙脉或毁了地方风水，所以，开矿的工作随时可能被勒令停止。难怪有位政府高级官员私底下对我说，他没有哪分财产是投资在没有外国势力保护的企业中的。

鉴于安全问题所造成的不良影响，伍廷芳阁下建议，目前人们需要的是一个由中央政府制定的能保证基本安全权利的大宪章，而不是呼喊为时尚早的议会。基本安全权利如下：没有逮捕令不得随意拘人；公审不得超过 24 小时；不得对罪犯亲人施加惩罚；不得没收罪犯配偶或商业伙伴的财产。

尽管整体来看，中国的工农业总数很多，但是从个体规模来看，都只是小规模工农业。中国商人对如何经营大型企业和股份公司也是知之甚少。而且尽管商人和银行家颇受人尊敬，但是他们从不知道制定适合股份公司的道德标准。在此情况下，他们相互猜疑，无法实现"双赢"。

第五章 渺茫的工业前景

收取佣金是中国人根深蒂固的观念,因此,这不再是一个道德问题而成了一个纯粹的经济问题。例如,你的厨师把工资仅仅当作其服务的报酬,所以,如果他为你买些家用,他就觉得应该得到一些额外的报酬。这种观点是无法改变的。一名海关官员告诉我,30年前,他初来乍到,就对他的老师满腹辛酸地抱怨过,他的仆人是如何肆意剥夺他这个外国人的。这位老师却解释道:"但是,我们中国人也深受其害啊!如果我给我的老女佣5块钱去买吃的,她会给自

| 巨大的帆船

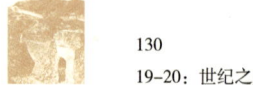

军政要员参加铁路开工仪式

己留一块钱。如果我只给她一块钱去买醋,尽管她没法私扣半块钱,但不做点什么她是不会甘心的,于是她会把醋洒点儿出来。"

这就是为什么不论如何聚集起来的商业资金,瞬间便会神秘地消失的原因。一家为建铁路而成立的公司,竟然有10名冗员。而且尽管还未开始铺铁轨,站长就已经走马上任领工资了。当然,这些幸运员工的工资大部分都给了其指派人了。枕木买了不少,搁

第五章 渺茫的工业前景

置了一年以后,就都卖给木匠了。某家国营铁路曾公开招标购买枕木,一家德国公司以最低价中标。后来,修建铁路需要购买更多的枕木,这次,采购官没有公开招标,而只是电告这家德国公司:"你们的竞争对手日本人愿意以低于你们的价格出售枕木。但是如果你们愿意提供一定佣金的话,可以继续跟我们续签。"该提议并未引起德国公司的重视,结果,日本人获得了出售枕木的合同。显然,他们是事先贿赂了采购官。

在一家大型国营工厂中,经过一系列测试,外国专家指定使用一种热容量最高的煤。工厂采购员提供的第一批煤基本符合要求。第二批煤很差,而采购员一口咬定说这跟第一批煤一模一样。实际上,他被人贿赂才换了这批次煤。中外的铁路工程师总是因为国外进口的机器或材料与他要求的规格不符而牢骚满腹。这并不是采购员疏忽的结果。中国现有13条在建铁路是"中国人自己的铁路",但是这些铁路有一个共同的特征,就是钱比铁路建设走得快。厦门—常州铁路是福建的第一条铁路,进展却异常缓慢。一对对铁轨、枕木因搁置不用而生锈腐烂,路基却迟迟没能建成。至于广州—汉口一线,股东们觉得其建设进

展简直慢如蜗牛。安徽铁路公司已经支出了500万两银子，而路轨铺了还不到一英里。桥墩准备好了，建筑用铁也运到施工现场了，13英里长的斜坡也已修好了，但是公司的钱和银行存款却不翼而飞。股东愤慨不已，而工程只能处于停滞状态。外国人对这种事情屡见不鲜，把中国称为"毁约之邦"。有些问题是错误的估计导致的，而管理上的错误往往是对佣金的强烈渴望造成的。

4. 大大小小的寄生虫们

在西方社会，个人很早就脱离了家庭，并作为一个自主自由的个体单位周旋于社会之中。而在中国，家庭和宗族的联系纽带富有更重要的意义。帮助亲戚是一个人最为神圣的责任，哪怕这要以牺牲他人的利益为代价。中国人认为给亲戚安排一个职位是理所当然的事，哪怕这位亲戚根本不能胜任这个职位。如果某人当了官（当然不是本省的官），他那些八辈子都搭不着的远房亲戚都会登门贺喜，然后让他帮忙荐个差事。等他走马上任以后，其前任的门生意识到自己的地位即将不保，便会体面地离开"另谋生路"。

第五章 渺茫的工业前景

如今,这种裙带关系如瘟疫般在工业企业中也扎了根。某政府工厂的经理对该厂一个经营不良的部门进行了一番调查,发现该部门 55 个职员当中有 33 个是领班的亲戚。两年前,京汉铁路归中国经营以来,铁路上的员工都是一些有关系有背景的人。结果,领薪水的都是一些全无用处的人。所以不足为奇的是,售票员只顾跟人聊天,根本就无视在窗口等待买票的人群。某路段的负责人牢骚满腹地抱怨说,他不得不安插雇用该路段主管的某些亲戚,而这些人根本就做

拉车人与坐车的富家小姐

不来安排的任务。

人们为了生存不顾一切,加之裙带观念根深蒂固,所以,一旦有一项投资,求职者就像是突然从地下冒出来似的,像蝗虫般越来越多。北京政府的官衙内冗员繁杂。某大学只有25名或30名老师,却有10名行政管理人员。你或许会为此感到奇怪,其实,这10个人当中有5个人只任闲职,无所事事。一外国专家发现某工厂有36名员工不过是寄生虫,整天抽着水烟,事不多做,俸禄却没少拿。其中有煤炭采购员,有木材采购员,有蒸汽锅炉配件的看管员,诸如此类浮于人事的职位。

正在建造的水车

第五章 渺茫的工业前景

在临清,一家比利时公司与中国公司达成了如下共识:比方有权在中国开采煤矿,但是要给中方1/2股份;比方和中方分别有两名主管和工程师负责,而且比方付给中方两名负责人工资。理论上,中方和比方是开采煤矿的合伙人;事实上,中方的主管住在天津,每月领取700美元的俸禄,却从未去过矿上。中方的工程师则领着225美元的月薪,住在为他在煤矿边上造的小洋楼里。他从未给公司提供过技术服务,只是帮着压制那些侵犯公司专有开采权的中国小型采煤厂。

另一家德国公司在中国开采煤矿,条件是:中方占有一半名义资本,其主管有高薪厚俸。这名主管住在天津,从不上工。而德国经理指挥全局,拿自己该拿的报酬。如果有人偷煤,他便向县长投诉,要求缉拿肇事者。肇事者被屡抓屡放,次次如此。这位经理

纤夫们正牵引着穿越三峡的帆船

不得不贿赂县长一番，偷煤的行为才得以禁止了。在这些干扰之下，德方员工根本没有休息日。他们必须一刻不离地待在现场，因为一旦离开，事情就会乱套，工厂就会遭到破坏。

5. 恶习不改而效率低下

现阶段的中国商人既离不开外国专家，又不能与他们很好地相处。西江上游400英里的河岸上堆着许多重型机器。这些进口机器是用来冶炼距此15英里的山区中的银矿石的。买回机器后，中国人又发现他们根本就不会组装机器。所以，只好任其生锈，而这里的矿石只能运到英国进行冶炼。工程师总是拿到一批又一批坏煤，因为主管根本就不在乎煤的热量问题。在他看来，煤不过就是煤，越便宜越好。山西是中国的宾夕法尼亚，蕴藏着大量的煤矿。他们付出了巨大的代价才重新获得了自己开采煤矿的权利。但是，其中一位有执照的煤矿经理在山西大学当了4年的采矿专业教授，却从来没有自己的对采矿专业的学术见解！

汉阳钢铁公司很重视专家的意见，雇用了22名

第五章 渺茫的工业前景

用浆和橹驱动的江船

法国和比利时专家监管该厂的炼钢工作。但是中国人并不是永远都有这么幸运的。汕头第一家电灯公司就因为雇用了一名名不副实的外国专家而倒闭。大约 3 年前,"山西保护"煤矿公司承担起了该省煤矿开采的工作。他们请的第一名专家的工作是勘查并做报告。这位专家到处勘察了好几个月,却根本没有报告其路线和发现,所做的报告简直毫无价值。后来他们又雇用了一位著名的英国专家来从事这项工作。结果,当这位专家抵达天津后,得知要在实地考察几个月而不是几个礼拜,便领了钱回家了。终于,他们找到了一条 20 英尺的矿脉,但是专家却一个接一个地

辞职了,因为他们都认为自己的建议是对的,而公司却从不采纳这些建议。显然,无论民族资本家还是国外专家都心怀不满。这种情形是很不幸的,只会阻碍中国的发展。只有哪天中国有了自己的优秀工程师和能培养专家人才的技术学校,这种情况才会得以改变。

中国企业经营效率低下,在于财富的无端浪费,这无疑是令人痛心的现象。各铁路建设的负责人都是一些有钱的中国人,毫无技术知识或经验可言,所有具体工作都只能依赖下属来做。而那些被选举为公司董事长的优秀金融家,觉得自己高高在上,不屑于做普通琐碎的具体工作,便把这些工作派给下级去做。而这位受委托者也觉得自己没有必要做这些工作,便又传给下级去做。这样一来,这些大人物都成了公司有名无实的领袖;经营公司的却是那些小人物。所以,中国的政府企业颇受这种自高自大、不切实际的思想之害。政府工厂生产的水泥最初成本为每桶1美元,比国外优质水泥的成本还要高。这些官僚居然认为"皇家水泥"会供不应求,人们不会在乎其价格高低。

在太原府一家政府经营的火柴工厂投资建成,从

第五章 渺茫的工业前景

美国订购了机器,还请好了工人。但由于没有随单付款,美方便一直没有发货。结果这些工人每月无所事事,工资照拿不误。直到几年以后,拨给该厂的基金被花得一干二净。不久前,该工厂重新启动,中国政府生产的火柴就把日本生产的火柴挤出了中国市场。安徽芜湖附近有一家现代化的砖窑。在外国人的监管之下,这座砖窑生产的砖质量上乘,价格也和中国本地砖相同;而在中国人的管理之下,砖的质量就开始下滑,其产出质量跟本土砖的质量相差无几。

此外,只顾眼前利益不做长远打算的做法也是中国人的一个障碍。比如,1909年末,船舰公司在长江

四人抬官桥

三峡至重庆一段开通了客轮服务,这是中国第一艘穿越该危险地段的轮船。这艘小汽船在很短的时间内就给船主带来了丰厚的利润。于是,这名船主只想着眼前利润,要求船长连续作业,中间连清理轮船引擎的时间都不给。最后,航程中不可缺少的船长坚决拒绝船主的要求,甚至提出罢航,船主才同意给一周的时间来检查这些至关重要的问题。

数年前,烟台的传教士尼维斯博士把美国一批优质水果树苗移植到烟台。不久,他的果园产的水果在整个东亚闻名遐迩。但是他去世以后,果园落入一个中国人之手。这个人为了获得最大利润,把果园当养猪场,既不给果树松土,也不给果树剪枝。结果,水果质量大大下降,樱桃变小了,苹果和梨满是节瘤,味道如木,而且多被虫蛀过。

事实上,不完美的过去对当代中国人的心灵和性格都造成了很深的影响。只有等到新一代人登上历史舞台,接受新式教育,制定高水平的法规准则,中华民族的真正力量才能显现出来。或许只有当中国人不再为了生存而挣扎的时候,他们的道德环境才会焕然一新。我认为,中国商人潜意识里有一种模糊的攫取一切财富的欲望。当人们面临深渊之时,是不会

第五章 渺茫的工业前景

严格地相互评判的。中国商人在马来西亚有着很高的声誉，这说明只有在充满机遇的土地上，中国人天生就有的稳健可靠性才能得以体现。在某英属海峡殖民地，不少中国人从事制造太阳帽、化学产品、医疗用品、探照灯、机刻家具、制冷设备、酒、饮料以及其他产品，都做得很成功。但是在中国本土还没有人从事这方面的工作。

因此，中国工业化的步伐不可能像大多数人预期的那样发展迅速、成功。外国人的森严戒备、资金的匮乏、劳动者的无知、官吏的压榨勒索、贪污受贿、裙带关系、专家的缺乏以及管理效率的低下，都将长期阻碍中国工业的发展，限制大量廉价劳动力使用机器的能力。所以，我们这一代以及下一代都不必为中国工业的发展是否会威胁到西方工业而担心，但我们的孙辈则需警惕这个问题。本世纪后半叶，中国人的经济竞争将开始出现雏形，而这个巨人也将开始插手影响整个世界的政治形势。

JIN YAN
YUN DONG

第六章

禁烟运动

19-20：世纪之交的中国

1. 吸鸦片与赌博——双重罪恶

火车站台上的面孔。这些神情麻木的面孔，他们的内心世界在思考着什么？

在中国西部，我们的轿子落在我们身后一英里的地方。由于对道路不甚熟悉，领事便问一个农民："到宝鸡还有多远啊？"农夫没有答话。"到宝鸡还有多远啊？"领事又问。这个人微微转了一下头过来。第三次问话后，此人空洞的眼神中才闪现出一丝微弱的灵光。第四次问话，对方终于听懂了"宝鸡"两个字。第五次问话后，他才听到"多远"两字。直到此时，这位农夫才如梦呓般，慢吞吞含糊不清地答道："40里。"仅仅一个上午，我就碰到了十来起类似的事情。"这是怎么一回事呢？是天生迟钝吗？"我问领事。他沉思道："不，可能是鸦片惹的。你没听说过'10个陕西人

第六章 禁烟运动

就有 11 个烟鬼'吗?"

这是我第一次对中国的内情有所了解。

早在 14 世纪,就已有中国人吸食鸦片。1729 年,中国政府颁布了禁止吸食鸦片的法令,并关闭了所有鸦片窑。没人知道该法令是否得以执行。18 世纪末,随着英国东印度公司将产于孟加拉的鸦片运往中国各口岸,吸食鸦片的恶习便在所有中国人当中扎下了根。而英国人发现这是一个非常赚钱的生意,便不肯罢手了。1733 年至 1906 年间,英国人因销售印度鸦片,从中国人和东亚人民身上获得的纯利润高达 21 亿美元。1840 年前后,清朝皇帝对鸦片造成的侵害开始警觉起来,便任命林则徐为钦差大臣前往广州制止鸦片贸易。林则徐的禁烟运动与英国商人的利益发生了冲突,而在广州销毁的一亿箱鸦片成

地方戏剧演出

为第一次鸦片战争的导火索。该战争的结果是英国逼迫中国签订了一项屈辱条约,要求中国赔偿英国商人的所有损失。1857年第二次鸦片战争爆发,其结果是中英两国签订了《天津条约》,规定中国政府无权干涉或限制印度鸦片在中国的进口和销售。

| 乡村戏台的演出

在此之前,中国政府一直禁止种植罂粟。但是以目前的情况来看,与其眼见国人掏空家财去购买印度鸦片,还不如自己种植,既简单又防止了财产的流失。所以,政府便解除了禁止种植鸦片的政令,此后,罂粟的种植面积大幅度增加。现在中国人消费的鸦片有6/7是国产的。

同时,人们对鸦片的需求量也在以惊人的速度增长。4年前中国人对鸦片的需求量是1800年的70倍。中国人平均每年消耗的鸦片是2.2万吨,据估

第六章 禁烟运动

计,大多数鸦片都化成了 2500 万烟民口中吞吐的浓烟。英国人承认,中国有 800 万烟民。某些种植罂粟的省份,由于鸦片产量大,价格便宜,成年人中抽鸦片的比例达到了惊人的地步。在四川省,城市居民中抽鸦片的男性和女性比例分别为 50% 和 20%。而在农村,这个比例则分别是 15% 和 57%。据说甘肃省 75% 的男性都吸鸦片。在陕西西部,我们发现 40 岁以上的妇女中有 90% 的人吸鸦片。在云南省,人们在商讨婚姻问题时,所要了解的主要情况是"这家人有多少杆烟枪",因为这已经成为衡量家庭经济水平高低的标准了。所有中国人都屈服于烟枪的诱惑,渐渐陷入一种难以形容的浑浑噩噩、痛苦不堪而又堕落的深渊之中。

烟枪之所以对中国人有一种特殊的诱惑,是因为他们的生活缺乏乐趣的缘故。中国人不会沉湎于男女之间纯洁的而且能给生活带来无限快乐的交谊之中,而是沉醉于吸鸦片与赌博的双重罪恶当中,并以此作为调剂沉闷单调生活的娱乐活动。中国人这种沉闷单调的生活是由于他们为了在最少的土地上养活最大数量的人口而疯狂劳作,结果牺牲了很多能为生活增添乐趣的事情。而且,在中国的家庭体制下,人们不顾

北京城外蟠桃宫庙会上,众人围观拉洋片的情形。

一切地繁衍后代,结果,他们失去了追求生命价值的目标。5年前,菲律宾鸦片调查委员会在一份报告中指出:

究竟是什么原因让贫困的中国人饱受饥饿之苦,而且不论贫富都极度缺乏娱乐活动呢?在中国,人们没有户外活动。其实准确地说,除了赌博以外,他们没有任何别的活动。全国上下到处弥漫着沉闷乏味的气息。由于生活沉闷乏味,高加索人借酒浇愁①,中国人则借鸦片忘掉生活的苦痛和艰辛。如果一个人习

---

① 原苏联地区,当地人以酒为乐,酗酒曾经是苏联的一大社会问题。

第六章 禁烟运动

惯了劳作的艰辛或者只关心生意的好坏,那他就会失去娱乐的能力了。所以,在这样一个历史悠久的国度里,人们几千年来只会不停地劳作,自我娱乐的本领已经完全萎缩消失了。结果,剩下的不过是希望能在平静之下消磨时光。而鸦片最能满足人们的这种愿望。在台湾,活泼的日本男孩正在教安静的中国小伙如何打网球、踢足球、玩水球、跳鞍马等等。看到这幅景象,日本老师说,这些活动是为了提高中国人的身体素质,并培养他们热爱运动的好习惯,这样可以帮助他们戒除吸鸦片虚度时光的恶习。那些没有闲暇

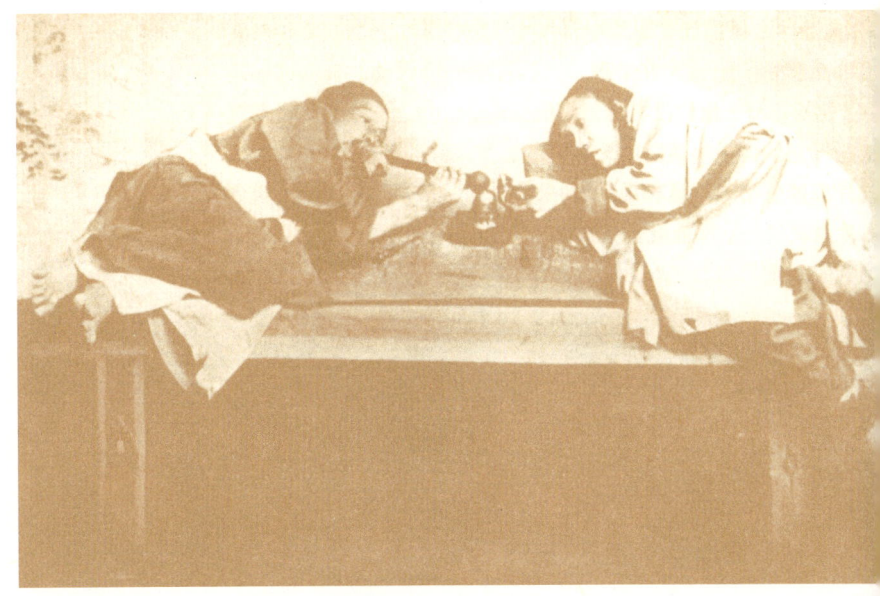

烟灯和烟枪的俘虏

时间的穷人又怎会染上吸鸦片的恶习呢？因为他们经常食不果腹，而鸦片可以让他们暂时忘掉饥饿及其带来的强烈的痛苦，这不啻为一种恩赐。此外，吸鸦片之时，人们还会产生一种平和安宁的感觉。由此不难看出穷苦的中国人为何要吸食鸦片了。西方人用吗啡来麻醉疼痛，中国苦力的痛苦生活根源在于生活必需品的匮乏。所以，这些烟民应该是值得同情而不是遭人轻视的对象。如果说中国人比其他民族更容易染上

躺在大床上，对着烟灯，用大烟枪吸食鸦片。

第六章　禁烟运动

吸鸦片的恶习，而且成了鸦片的奴隶，其根本原因就在于有钱人的生活过于单调沉闷，而穷人的生活又太过悲惨痛苦。

我乘轿旅行了一个月之后，终于有些明白为什么苦力特别渴望烟枪了。旅途中我们曾遇到8天连续降雨，苦力们抬着轿子和行李，没有雨衣，也没有衣服可换，委实可怜。他们身上压着70到90磅重的东西，迎着冷冷细雨，在高低不平的山路上溅着泥水跌跌撞撞地行走。在涨水的洪流中跋涉，最后终于抵达了一家冷冰冰的、毫不舒适的中国旅馆，此时他们已是精疲力竭了。他们的衣服全都湿透了，既没有火烤，也没有可换的外套；没有床，也没有毯子，只有一张铺着破草席的砖炕。晚饭只有米饭、豆腐或者面条。吃罢晚饭，这些可怜人只能蜷缩在破草席上，旁边点着昏黄的小灯，一边弄着烟团，一边吞吐着浓烟，直到鸦片慢慢驱散寒冷、痛苦和劳累的感觉。

人们或许会奇怪这个毒瘤为何会如此深入这个社会肌体。由于各种不平等条约规定外国鸦片在华贸易拥有特权，中国政府已经丧失了主权。尽管如此，中国人能够容忍鸦片的横行吗？类似的，西方社会能够容忍酗酒的泛滥吗？在西方国家，就算政府不出面干

涉,其他社会机构也会参与禁酒的事情中来的。比如,教堂的布道、讲坛、学校、讲座、媒体、禁酒社等都会发起禁酒运动。但是中国社会缺少这样的自我保护机构。中国的宗教没有布道或教会规矩的一席之地。学校也只会教一些古文。报纸根本不在民间流通。政府禁止一切私人组织——哪怕是单纯的道义团体。最为重要的是,妇女本应是反对社会恶习的天生力量,但是中国妇女却受到各方面束缚,没有任何发言权。以西方国家为例,妇女曾是支持禁酒运动的主力军。她们团结在一起,组织并宣传为保卫家庭而禁酒。而在中国,一千名妇女中甚至没有一名识字的。女性不能参与讨论,没有公众生活,所以她们根本就没有办法呼吁人们关注男性吸鸦片给社会带来的危害。

2. 发动一场史无前例的战争

最终让中华帝国政府不惜牺牲巨大财力来进行禁烟斗争的原因,并不在于鸦片所带来的巨大破坏以及给人们所造成的痛苦,而是由于在西方列强面前认识

第六章 禁烟运动

到了中华民族的衰弱。中国人的冷漠自私、缺乏公共意识以及在关键时刻进行有效的合作,这让中国人在接人待物上显得尤其盛气凌人而不留情面。人们(甚至是那些倨傲无礼、墨守成规的满族统治者)都越来越清醒地认识到,除非中华民族能够从这个毁灭人性的恶习中悬崖勒马,并恢复正常的抵抗力,中国才有望在民族之林中立足。

1906年9月20日,慈禧太后颁布了一项著名的

在山路上行走的挑夫。高强度的劳动和恶劣的自然环境,人们只能依靠毒品寻求一时的解脱。

洗涤劳作中的妇女口叼大烟袋

禁烟令:"著定十年以内,将洋土药之害一律革除净尽。"无疑,该谕令标志着中华民族将对这一恶习发动一场史无前例的最广泛的战争。这场战役声势浩大,席卷了大半个中国,其地域面积相当于一个美国。成百上千名贵族官僚、商人学士、烟馆老板都卷入了这场战争。不少人为此流血丧命、倾家荡产。这场战争不仅关系着数百万烟民的切身利益,更是关系

第六章 禁烟运动

到子孙后代的长远利益。战争的胜利必将让中国人获得独立,并将让中国人最终与白种人在平等的基础上共同掌握世界的命运。

如果亲眼目睹鸦片种植的繁荣景象,你会发现土地里没有丝毫的单调朴素,有的只是一派欣欣向荣的景象。在一片片色彩暗淡的大豆地、豌豆地或甘蓝地之间,成片的罂粟生长得如火如荼,异常耀眼。可惜这些怒放的罂粟花终将引诱人们走向歧途和毁灭之路。罂粟花的主色调是雪白色,但是花冠上呈现出五彩斑斓的颜色,有紫色、红宝石色、深红色、猩红色和粉色。这些颜色点缀在白色罂粟花上,五彩缤纷,煞是好看。阳光下,这些绚丽夺目的罂粟花可以说是艳压群草百卉。这些盛开的罂粟花色彩艳丽、惹人注目而又热情洋溢,像是美艳绝伦的狐狸精引诱无数追求者拜倒在石榴裙下。又如同吸血鬼一般,用她的热吻吸走了人们的灵魂。

不过收割鸦片跟一般的收割不同。罂粟成熟时节,放眼望去,数以千计的球状罂粟果实密集在纤细修长的树茎上。采集时,先用小刀在每根树茎上轻轻地划一圈,白色乳汁便一滴一滴地流出来,一两天后果汁会凝结成棕色胶状物附在树茎上。这时,果农就

19–20：世纪之交的中国

骨瘦如柴的嗜烟者，正在吸食鸦片。

从树茎上刮取这些珍贵的胶状物。每亩地产量最多不过数磅重。采集期一过，罂粟花的茎便逐渐干枯，像是响尾蛇蜕下的惨白色蛇皮。最后这些枯茎会用来做柴火，而罂粟果会磨成粉做食物，或用来榨油。

这些生鸦片本身就是毒品。某些深受暴虐的妇女往往选择这种她们唯一能获得的毒药，平静地结束自己的生命。我们在陕西武功县时，传教团的妇女几乎每天都被叫出去抢救这些可怜的生命。邻省某记者报道："鸦片价格不断升高，其中一个好处就是靠鸦片自杀的人数明显下降。有人发现服用10丸鸦片都死不了，所以毒品价格的升高阻止了不少试图自杀的

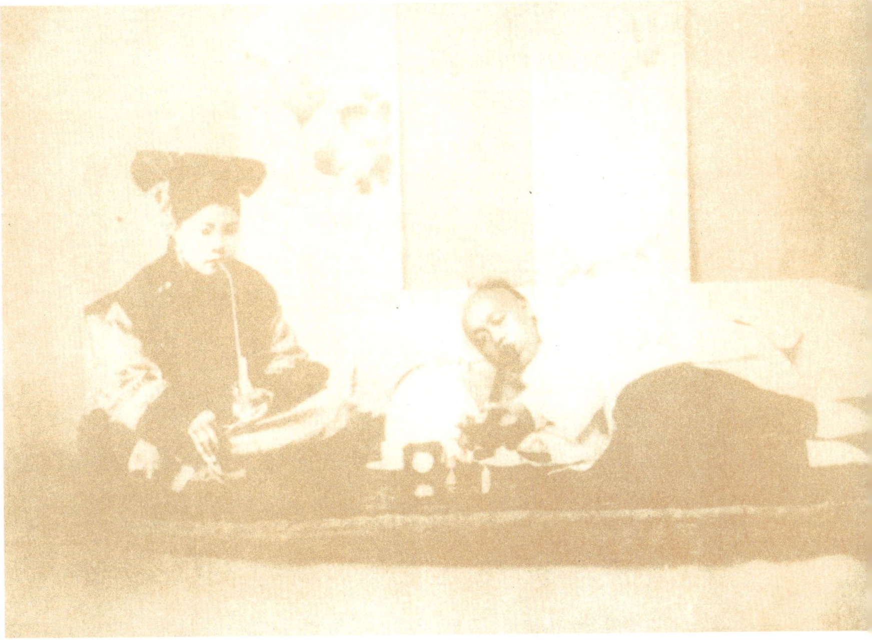

第六章 禁烟运动

吸毒者手持大烟枪,对着烟灯,正在吞云吐雾。旁边女子正在吸水烟。

人。现今一丸鸦片售价为 10 个铜板,只含 3 成鸦片,7 成是马蹄和其他皮革废品。"换言之,如果自杀还得花 10 个铜板的话,这个代价就太高了,没人能负担得起。某省一名仆人每月挣 80 美分,并且自己负担一切生活费用,没钱买鸦片自杀也就不足为奇了。

如今,中国大部分地区的鸦片种植规模都在以惊人的速度日益扩大。尤其在内陆省份,罂粟的种植量更是惊人。由于群山阻隔,内陆省份远离通商公路,如果把农作物运到外面市场路费便摊多了,而罂

粟是唯一一种收益能够大于运输成本的作物。苦力挑着重达133英镑的装满罂粟的担子，沿着崎岖的山路跋涉数百英里，扣除运输费后，在市场上每磅能卖2到10美元。同样的土地生产农作物的话，只能挑到十几英里的集市上去卖，还赚不了几个钱。对云南、贵州、四川、陕西或甘肃等地的农民来说，鸦片是他们唯一能销往市场的商品。跟美国华盛顿时期相似的是，对阿勒格尼山脉附近的居民来说，人们对威士忌的需求为他们向沿海地区销售玉米提供了唯一机会。中国政府禁止种植鸦片的谕令引起了某些农民的反抗，也正如1798年联邦政府颁布禁酒令时引起了宾西法尼亚农民的反抗一样。

当慈禧太后颁布禁烟令时，某些内陆省份所种植的鸦片面积已经超过该省土地总面积的一半了。罂粟的种植面积是如此之广，用来生产粮食的土地便少之又少了。结果生活必需品的价格不断上涨，农民更是被逼到了饥饿绝望的边缘。在罂粟上的投入远大于其他产品的投入，土地租赁、抵押等也随着鸦片这一高利润行业有所调整。对大多数农民而言，要他们停止种植罂粟就等于要他们的命。表面上看来，禁止种植鸦片简单可行，与美国国会禁止西部种植玉米、南部

第六章 禁烟运动

种植棉花的政令没什么区别。但是很多人认为,鸦片是农民的主要经济来源,无能的清朝政府将永远不可能具备必要的能力和权力来禁绝鸦片。

躺在雕花大床上吸食鸦片的烟鬼

禁烟战争充满迂回曲折的情节,颇有天方夜谭的色彩。某县令宣布禁烟令,并表示会恪尽职守。而所有种植鸦片的农民齐聚衙门,屈膝匍匐,恳求这位"父母官"能够高抬贵手,让他们种完这一季的罂粟。除非这位县令是个坚决的改革派,或者害怕乌纱不保,他是不会完全铁面无私的。当然如果答应了百姓

的请求,这位县令会得到一笔丰厚的贿赂。实际上,县令的俸禄不过是表面的东西,他会从当地百姓身上捞不少油水。

如果请求不奏效的话,农民会用别的策略应对禁烟令。例如,他们会在偏僻小道旁开垦一小块地种植罂粟——墙后、树下、河谷边——他们甚至把罂粟花的枝叶和花束剪掉,远看根本看不出来是罂粟。官府会不时派一些跑腿的调查违令的种植行为。这时,农民只能想办法引开调查员的视线或者贿赂他们。尽管如此,地方官一旦听说有人违令种植罂粟,便会乘着八抬大轿带着一队人马前往,强令拔除非法罂粟。这时,农民的策略马上就改变了。几个结盟村的农民聚集在一起,拿着镰刀、干草叉和勾镰共同对付官府。我们造访武功县前不久,一群暴民就把前来检查的县令随从打得落荒而逃,连县令本人也未能幸免于难。这位县令被逼躲到一个寺庙中,并且贤明地告知众农民:农民可以随意种植罂粟。

在甘肃某地,前来铲除罂粟的官员在下榻的旅店遭到农民袭击,几近半死。发动暴乱的头目经公审后被斩首。在威慑之下,农民不得不赶紧铲除罂粟。在浙江温州,县令带着一帮士兵着手破坏罂粟之时,约

第六章 禁烟运动

2000名农民前来攻击这队人马,大量农民和士兵均有受伤。300支军队和炮舰前来支援,这群农民的暴行方得以镇压。

在山西太原附近,一个姓孔的人喝酒壮胆后,敲锣打鼓地在街上游行,并扬言谁不种罂粟就杀了谁。后来官府前来缉拿此人,此人已消失得无影无踪。不久,一些妇女也到衙门请求县令让她们种罂粟。形势不妙,县令只好向山西总督请求增援。一名官员带领300名士兵前来镇压暴乱。几个村子的农民联合起来,手持农具与官兵对抗。带队的长官惊慌失措,命令士兵对农民开火。士兵们一阵空弹只引来农民的嘲笑,于是,军队便向农民发射实弹,50名农民当场被击毙。双方都被步枪的威力震慑住了,因为士兵们跟农民一样不了解步枪的威力。中国士兵每年只有10颗实弹用于军事演习,而且经过层层克扣以后,每人每年实际上只有3颗子弹。

通常,种植罂粟所受的惩罚是罚款或没收土地。尽管种植罂粟者不会被处以死刑,但是如果有人强硬地反抗官府,经公审判决后,这些人将被拉到自己的罂粟地里斩首示众。他们的鲜血流淌在罂粟丛中——在他们看来,这些他们珍视的罂粟,远比公众福利重

要得多。

由于禁烟斗争是从上而下执行的,北京的中央政府是最高决策机构,所以一般而言,高层官员比下级官员更能坚决地执行该政令。因为高层官员人数少,更容易受监督。如果查出他们对禁烟运动不够积极,将可能遭到或罚款、或撤职、或降职的处罚。已有不少总督、地方官和道台因缺乏禁烟热情而被解职,另外一些支持禁烟政策的新人获得了朝廷的信任,于是填补了他们的空缺。但是下层官员由于人数众多,不可能全部换人或撤职。许多小县令每天也要偷偷地抽上两管烟枪,所以希望日子还能像以前那样好好地过,而不愿冒着风险执行禁烟令。当然,也有一些颇有胆量的县令也趁机敲诈勒索一把鸦片种植者和烟馆老板。这些县令的花样可谓层出不穷。首先,如果听说道台要巡视,他们便会事先检查一遍,以确保主路两旁看不到罂粟地,不然这位诡计多端的县令便乌沙不保了。

另外,向上级报告情况时,县令很容易睁眼说瞎话,宣称自己管辖的地区没有种植鸦片。所以有时总督或道台会派出亲信(这些人往往是禁烟社的成员,与政府并肩作战)四处查寻非法种植的鸦片。罂粟一

第六章 禁烟运动

经查出,便立遭铲除,而且县令也要受处罚。

　　传教士是反对鸦片的坚决斗士。1906年8月,来自7个国家的1333名传教士共同签署了一个伟大的备忘录。这一备忘录推动了著名的禁烟令的出台,而且禁烟令中一些文字就是直接摘自这一备忘录中的。所以,福建一巡抚造访传教组织的秘书时说道:"我非常希望能够找到并根除每一株罂粟。但是我不可能独自一人四处巡查所有的罂粟地。当地警察或'跑路的'极端贪污腐败,一旦发现罂粟,他们会以向官府告发为借口来威胁农民,而只要农民给他们相当的贿赂,他们就不再过问此事了。所以,就算我四处寻查又有什么用呢?您的传教士遍布我将视察的各个地区,因此,烦请他们就身边的罂粟地情况向您做个汇报,然后您再把报

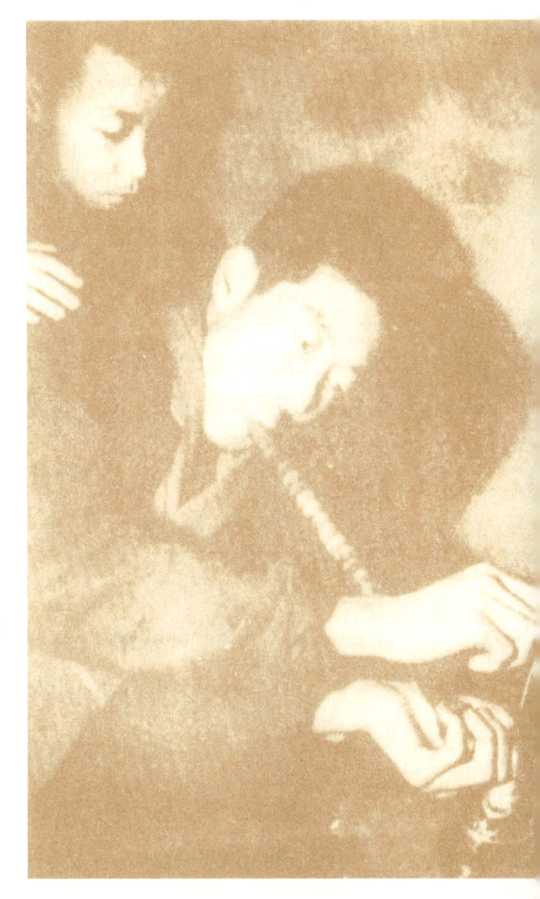

吸食鸦片者

告交给我,这样我就能确保罂粟都能铲除干净了。"几小时后,一份通知函便发给了100名传教士。这些人是坚决的反鸦片斗士,既不会被收买,也不会受到恫吓。这些传教士惊奇地发现,他们平生仅此一次参与了中华帝国的行政事务。

封锁越严密,人们试图冲破封锁线的欲望也愈强烈。禁止鸦片种植的战争即将胜利,而鸦片的价格也跃升了数倍,在农田中私种罂粟的行为也愈发突出。史上最为周详的私种罂粟计谋恐怕要数去年发生在四川的一例了。两年前,内陆地区种植罂粟的行为异常猖獗,导致粮食价格高到了令人不敢问津的地步。行动积极的总督铲除了几乎各县的罂粟,只有距总督府400英里远的福州县幸免。该县横跨70英里土地,去年,4/5的土地都种植上了罂粟。随着该年度罂粟价格上涨了5到10倍,该县诡计多端的农民也因此发了大财。

这些农民种植罂粟的计谋是这样的:1月份,重庆道台耳闻福州有人藐视王法私种罂粟,便带领一队士兵前往巡查。他当即罢黜了福州县令,罚款7000美元,并派士兵铲除各地罂粟。但是农民用泥土把罂粟幼苗覆盖住,而且士兵就算发现罂粟也只是小心地

第六章 禁烟运动

割掉顶端部分,不会把罂粟连根拔起。显然这些士兵是受了贿赂才这样做的。一周以后,道台和随从以为任务已经圆满完成,便心满意足的离去了。此时,农民便迫不及待地把罂粟幼苗上的泥土拨开,并且在其间种上豌豆、大豆或麦子。等这些作物长高之后,能够很好地掩护罂粟生长而不被发现。当然还有如何对付新上任的县令的问题。但是这位长官私下违令敲诈勒索,还道貌岸然地宣布罂粟种植行为已被禁止,并宣布6月份将亲往巡查罂粟种植情况。一经发现罂粟,则查抄土地,并笞挞其主。然而,他心里非常明白,6月份是罂粟收割的季节,那时候根本就看不到罂粟了!

当然这些诡计只是一时管用而已。事实上,鸦片种植最为猖狂的四川省生产的鸦片曾经占全国总产量的1/3;而今鸦片的种植面积已减少了80%。说明鸦片价格大幅上涨的原因是鸦片生产的剧

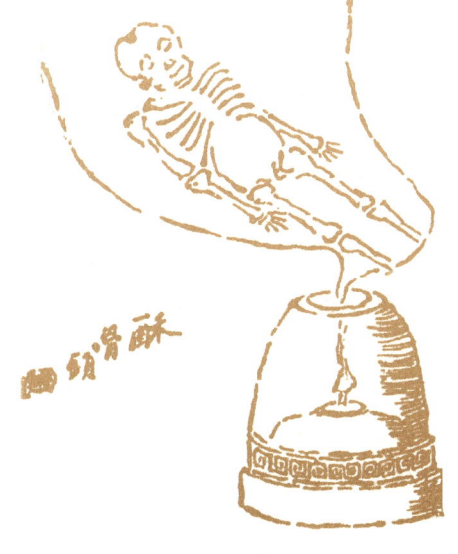

禁烟的漫画:烟灯的俘虏。

减。在河南省,我们发现罂粟价格在一年之内涨了两倍,比同等重量的银子还要值钱。山西太谷县,由于去年没有种植罂粟,其价格是白银的2.5倍之高。某些豪门之家的烟鬼们担心罂粟会供不应求,因此囤积了3年所需的鸦片。山西华州鸦片价格较前年贵了6倍。陕西西安府每盎司鸦片售价为50美分,是前年价格的三四倍。四川德阳也由于没有种植鸦片,每盎司的价格上涨到了1600文铜钱,而两年前每盎司的价格不过120文铜钱。

3. 禁烟初见成效

引人注目的是,四个罂粟大省在禁烟令后,粮食作物大获丰收,远远弥补了不种植罂粟的损失,于是,农民也开始向新政妥协。小麦的亩产量从28蒲式耳(约736公斤)跃升至40蒲式耳(约1052公斤),这一纪录让传教士看到了眷顾中国的上帝之手。大量土地重建,粮食生产大大丰富,价格也较高。以前湖北商人常常从遥远的甘肃购买罂粟苗;现在,他们从甘肃带回来的是羊皮、鹰翼、猪毛、驴皮和人发等。该省农业学校的中国专家通过实验教当地农

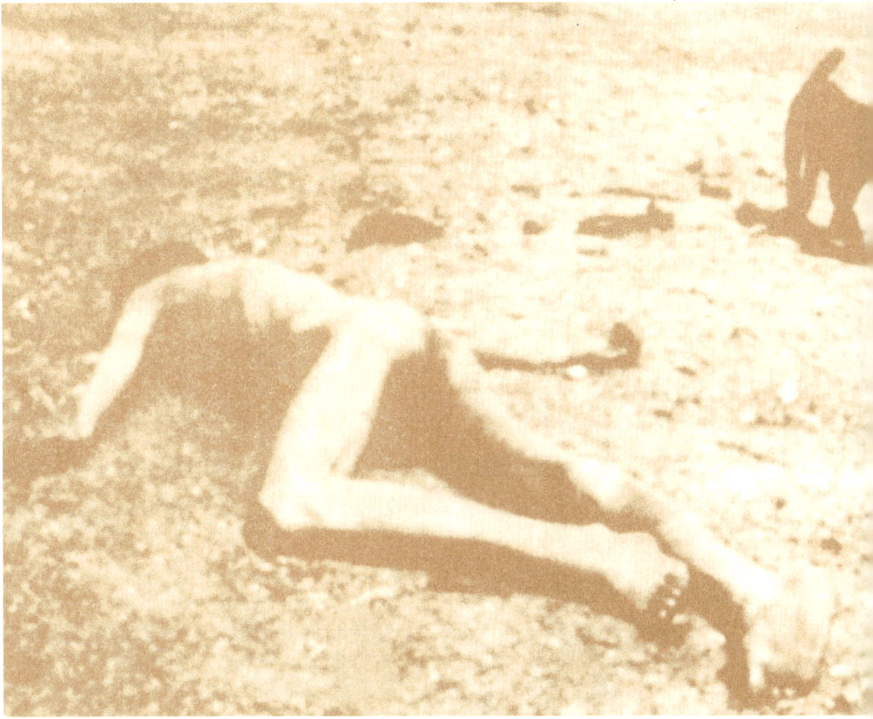

第六章 禁烟运动

民种植甜菜根、土豆和棉花。福建农民正在曾经满 | 吸毒者陈尸旷野
是罂粟的土地上试种美国农业部提供的棉花籽。

　　清政府热切地希望彻底改变政府官员慵懒的状态,以期在国门上能与敌军对峙,朝廷开始着手清整内部吸食鸦片者。在他们看来,为官者理当为普通百姓树立一个良好的榜样。正如禁烟令中所述:"假如官吏不能改掉吸食鸦片的不良习惯,他们如何领导那些忠实的民众?"但是由于60岁以上的官员不可能戒掉吸食鸦片的习惯,政府对他们也就不做过分的要求,而其他所有的官吏应在指定的期限内将鸦片戒掉,否则必须辞职。这些规定实施的结果出人意料。数百名官员被解职,一些高官——其中有两名总督和两名朝廷侍郎——在戒烟过程中忍受不了痛苦而死去。政府对这种结果非常痛心,只好另做变通,准许50岁以上的鸦片鬼仍可继续担任行政职务。

鸦片诱使人说谎。不久人们便发现,那些不能或不会戒烟的官员实际上是在隐藏自己对鸦片的嗜好,以望保住官职和薪俸。官员之间相互猜疑告发的事情屡屡发生。看来有必要在北京和某些省会成立检测官员们是否已戒除鸦片的机构。吸食鸦片的嫌疑人必须到这些地方接受严格的检测。经搜查未携带任何鸦片以后,他会被关进一座舒适的公寓里面,生活用品一应俱全,就是没有鸦片。由于所有吸食鸦片者都不能忍受3天的隔离生活,所以,如果此人能顺利通过3天的考察,那他就是一个身体健康的人。而吸鸦片的人一天都离不开鸦片,在对鸦片的难以抑制的渴望当中,他们的谎言也就不攻自破了。即便是总督大臣,哪怕丢掉官职,他也会忍不住泪流满面,双膝跪地,哀求政府让他吸一口鸦片以解除痛苦。某些达官

第六章 禁烟运动

贵人、皇亲国戚也由此被查了出来,于是立刻被解了职。在军队中,禁烟令的实施是强制执行的。无论军官士兵,一经发现毒瘾不戒者便会被斩首。

福建是受教会影响至深的地方,在禁烟战争中取得了辉煌的成就。我在福建之时,当地有规定云:不经注册或领取许可证,任何人不许吸食鸦片,有违犯者财产充公,以示惩罚。许可证并非人人都可领取,只有那些证明自己确实吸食鸦片的人才有资格。假如某人领取了许可证,他必须将许可证号码贴在被准许吸烟的房门前,除该房外,他不许到其他任何地方吸烟,吸烟时也不得接受任何人以任何借口的拜访;吸完烟后,他必须将所有的烟具——烟枪、碗、灯、鸦片盒和针等收起来。这样做的目

福州禁烟会没收的烟枪

的是要通过孤立吸食鸦片者，挫伤他们的自尊心，以减少吸食鸦片者的人数。

鸦片由领取许可证的商人专卖，这些商人必须对售出的每一盎司鸦片做出解释并交纳税金。同时，鸦片不得在吸食鸦片现场出售。任何人都不准许自行制作鸦片，必须购买成品。注册烟客每日能购买的鸦片数量在许可证中都有注明。专卖商在烟客购买鸦片时，必须在许可证规定数量后面的空白处盖章，售出的鸦片数量不得超出许可数量。烟客每3个月必须更新一次许可证，而且每更换一次，能够购买的鸦片数量也随之减少。烟客购买鸦片以后，必须手托鸦片从大街上走过，而不许将鸦片藏在衣兜里，不许卷起来，不许攥在手中，也不许装进盒里。任何人不得随意自制或销售吸食鸦片的工具。现有的供应要满足当前的需要；但是随着时间推移，吸烟用具不断被焚毁，吸食鸦片这一恶习的基础被不断削弱，从而社会对鸦片的需求也越来越少。

林则徐是一名曾捣毁了印度鸦片的钦差大臣的后裔，在他的领导下组建了许多戒毒社，与朝廷官员一道以铲除鸦片为目的。戒毒社的成员有权进入任何地方进行查毒行动。每天晚上，戒毒社的警戒人员和警

第六章　禁烟运动

察一起巡逻大街,严防并查禁非法销售或吸食鸦片的人。有时,他们会遭受袭击,甚至会身受重伤,但是他们从未退缩过。戒毒社收集并销毁烟具,这些烟具有的是戒毒社突击检查时缴获的,有的是戒掉鸦片的人主动上交的。戒毒社不时在公共场合销毁成堆的烟具,以庆祝禁烟斗争所取得的成就。迄今为止,已公开销毁烟具11次。被毁的烟枪、吸烟用的碗、碟、灯以及鸦片盒多达25000件。有些古董收藏家试图以高价收购一些罕见精美的烟枪,但被戒毒社谢绝了。所有缴获的烟具无一例外都被销毁。

　　由于各方面的种种努力,现在福州出售的鸦片数量已经减少了4/5,而且获准吸食鸦片的人数也已不及最初登记人数的一半。大多数吸食鸦片的人为下层民众。由于戒毒社不接受新的吸毒许可登记,所以照这样下去,福建人戒除吸食鸦片恶习的日子已经为期不远了。

　　在此次禁烟运动中,恐怕只有福州所采取的措施是最为聪明的了。其他地方都只是一次性关闭所有的烟片销售点和烟馆。但风头一过,烟馆经过一番改头换面以后又会重新开张,吸食鸦片的风气一如既往。实践说明,一阵风似的禁烟运动并不能根除鸦片,只有通过逐渐减少发放吸食鸦片许可证和专营证的方法，吸食鸦片的恶习才会逐渐得以控制，禁烟运动才能取得成功。

查封烟馆的过程中充满了曲折和恐慌的小插曲。安徽某官员在夜间微服私访，发现有8个烟馆挤满了烟客。他当场惩罚了这些人，烟馆老板挨了300大板，烟客们则挨了200大板。第二天，所有烟馆都被查封了。厦门地方长官曾多次带人对私人住所、商店进行突击检查。被捉到的吸食鸦片者均挨了板子，烟

焚烧没收的烟枪

第六章 禁烟运动

具也被销毁。湖南某地10家烟馆私下重开，县令在晚上对这些地方进行了突击检查，查抄并出售了这些烟馆，店主被抓进了大牢，受尽了毒打和枷刑。出售商店所得用于建设学校和警察等公共事业。

两年前，禁毒社创始人报告道："城市中7000家烟馆已被查封，有些城市查封了两三千家烟馆，还有些城市查封了1000家。全国上下10万个城镇中的烟馆和吸烟室被查封。被捣毁的吸烟场所总计达一两百万。"

荒弃的牌楼

通过海报宣传、朝廷命官对村长和乡绅的规劝、传道士的警告、改革家不停的演说、官方高校的普及教育以及国内报界的说教，中国大多数城市的公众舆论都开始支持政府的禁烟运动了。吸鸦片逐渐成为"讨人嫌"的习惯了。聚会餐桌上不再流行吸食鸦片，年轻人也无需学习这种所谓高雅的技艺。人们已经普遍意识到吸食鸦片的害处，烟枪的奴隶们也处在非常难堪的位置上。让吸食鸦片的人拿着买来的鸦片、带着大木牌做的许可证在街上招摇过市，对他们来说已经成为一种羞辱了。这种做法之所以行之有效，是因为中国人最怕"丢脸"。通过这种方式才能使新一代对鸦片避之如蛇蝎，最终达到禁烟的目的。

想想看吧！在中华帝国辽阔的土地上，无数社会团体参与了这场禁烟斗争。一边是罂粟种植者、烟馆老板、鸦片商和一些烟客；另一边是为数很少的有识之士，是改革家和爱国者。他们认识到，如果继续让鸦片毒害人们的身心，中国必将沦为他国的奴隶。对鸦片的贪欲与爱国之心形成鲜明的对比，这与美国人在是否禁酒、是否允许童工等问题上是相同的。中国人民正从浑浑噩噩、自私自利的思想状态中走出来；一个关注社会道德问题的群体已经形成；公众舆论在

中国开始萌芽。无数人平生第一次思考"什么是公共利益"。朝廷官员也跨下他们的高头大马，召集所有乡绅、商人和村长，向他们宣扬正义、意见和公愤等问题。

4. 最黑暗的一页终将成为过去

当初北京开展 10 年禁烟运动之时，如何也没有想到人们最初的热烈反应竟然引起并推动了中华民族的爱国主义精神；而爱国精神也推动了禁烟运动的发展。过去 5 年内取得的禁烟成就已经大大超出了人们的预料。中国鸦片生产量已减少了百分之六七十，改革派领导人甚至认为这个结果已经达到了 80%。由于鸦片产量大幅减少，价格也上涨得惊人，数百万烟客正在努力戒烟。

然而，随着国内禁止鸦片种植的运动不断发展，进口的印度鸦片占总量的比重也越来越大。1907 年，中国从印度进口的鸦片总计为 51000 箱，约为 3400 吨重。英国政府也同意从现在到 1911 年止，每年以 10%，即 5100 箱的速率减少对中国鸦片的出口。同时保证只要中国政府同时减少国内鸦片的产量,1911年以后英国对中国鸦片的出口量仍将持续减少。

1906年5月,英国众议院一致同意说,印中两国的鸦片贸易是"极不道德的",并恳请政府"采取必要措施从速结束这一贸易"。尽管如此,1910年5月,鉴于中国的鸦片生产已经大大得到了控制,英国政府被问及是否要答应中国政府的要求,减少印度对中国长达8年的鸦片输入之时,英国负责印度事务的副部长的回答却是:"英政府无意变更双方早已达成的协议。"英国的基督教徒对此做出了反应,把去年12月24日,即签订天津条约的第五十个周年纪念日,作为大英帝国的国耻日,并期望鸦片贸易能够尽早停止。这一惊人的举动在中华帝国之内掀起了一场新的改革运动,一个全国禁烟社的总部在北京成立。

中国政府在一系列决议中极其郑重地呼吁英国政府能够免除条款中所规定的、中国必须承担进口印度鸦片的责任。有人指出,中国的禁烟运动正面临着巨大危机。当农民看到自己种植的小块罂粟被官方毁坏,而满载着外国鸦片的洋船却自由地出入中国各口岸时,他们无法心理平衡。

面对不断升级的压力,英国政府做出了让步,并

第六章 禁烟运动

跟中国达成了如下协议：英国同意中国政府对鸦片征收更高的关税，并且同意不再向已禁止种植和进口鸦片的中国各省输出鸦片。同时同意只要中国继续打击本国的鸦片生产，就将不断缩减印度鸦片对中国的出口，直到1917年完全终止鸦片贸易。而且只要中国的鸦片生产完全停止，英国也将在1917年之前完全终止对华输出印度鸦片。于是，东西方有史以来最黑暗的一页终于成了过去。

人们曾经有一种观念，认为有组织的社会并不需要关注个人的不良习惯。然而，中国的鸦片历史动摇了这一观点。中国政府的权力长期未能得到有效的发挥，如果人们有某种抵制鸦片的自我控制的健康标准的话，这种标准的作用应该早就发挥出来了。如果吸鸦片的人天生就只是那些傻瓜或弱者，或者如果吸鸦片就会导致每代人死亡2%到3%，就算人们非常没有远见，非常缺乏自制力，这种行为准则也能当作优胜劣汰的净化器，社会也就可以放心地让个人以自己的方式和速度走向歧途。但是恶习并没有放过任何一个人。这种恶习就如坏疽般长期侵蚀着社会肌体，从最虚弱的环节开始，逐渐散布到肌体中每个健康的组织，直到最后，这些坏疽几乎断送掉中华民族的前

途。现在,中国人吸食鸦片的习惯跟美国人酗酒的习惯是相同的。事实上,如果长期以来,西方人的公共舆论和法律对人们的酗酒行为不加以限制的话,势必将因酗酒成风而遭到严重的损失,其结果与吸食鸦片所带来的不良后果没有什么区别。从中国人的这个教训中,我们学到的是:如果社会已经意识到不良的个人习惯正在侵蚀社会的要害,我们要考虑的并不是是否要向这种恶习宣战,而是该如何向它发动进攻。

SHANG WEI
KAI FA DE ZI YUAN

第七章
尚未开发的资源

坐在车上的女人和孩子

几年前，中国西北的甘肃省发生了一起大规模暴乱。回民起义军包围了省会兰州，逢人便杀。惊慌失措的农民逃进城墙里，而可怜的妇女们由于小脚跑不动，落在后面。这时城门已经关上了，妇女们惨遭起义军的屠杀。这些可怜的女人眼睁睁地看着这些杀人狂在身后越逼越紧，只能绝望地敲打着紧紧关闭的铁门，发出阵阵哀嚎。城墙内的数百名丈夫痛苦万分地跪在英国传教士面前，求他劝总督打开城门好让后面的人进来。传教士解释道，这样做会把起义军也放进来的，并且说道："谁让你们把自己的妻子裹成小脚的？瞧，这就是对你们的惩罚。"

第七章　尚未开发的资源

伍公使是外交界的巨头。他曾对美国人说:"没错,我们给自己的女人裹脚。你们不也给自己的女人缠腰吗?到底哪个更恶劣啊?"美国人面面相觑,想:"嗯,说得不错。"不过事实是,在西方,束腰的只是1/10爱美的时髦女性;但是在中国,9/10的女性都得裹脚。而且美国人束腰是出于自愿的,中国人的裹脚则是对无助幼儿的残酷迫害。

| 乘独轮车的妇女

1."小脚一生,眼泪一缸"

广东南部的客家妇女并不裹脚。在广州,有钱人家的女儿才遵循裹脚的习俗。我5天前才见到过一个裹脚的人。溯西江而上,走500英里都见不到一个裹脚的女人。在中国最北部的满族妇女也保持着天足,或许这就是她们为什么如此高大、健康、动人的缘故吧。而在中国其他地区,裹足既不是游手好闲者的荒唐行径,亦非时髦人士狂热追求的时尚,而是所有阶层不论贫富均须遵循的习俗。在蒙古边境上的张家口,妇女们都是跪着做事的,膝盖下放一个大垫子免得被泥土弄脏了。甘肃省内有三个地区,妇女们在屋内都是靠膝盖行走。她们沦为会走的牲畜,只为了满

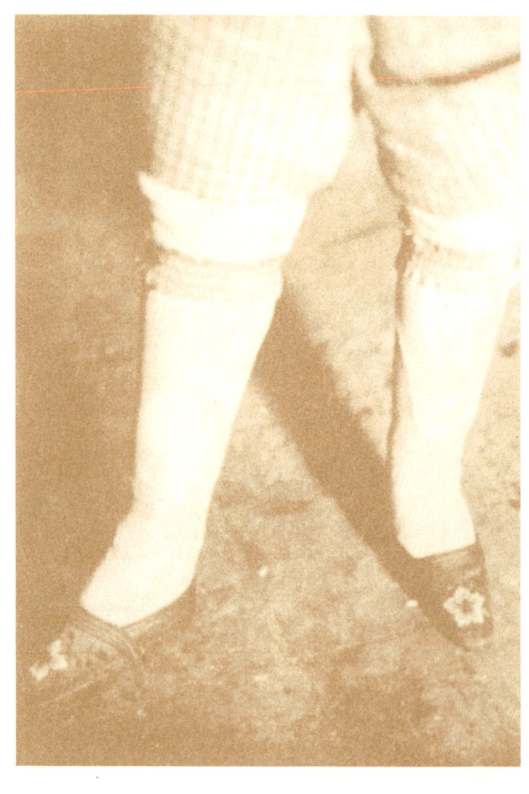

妇女缠足是中国古老的恶俗,残害妇女的心身。图为妇女的小脚。

第七章 尚未开发的资源

足男性变态的喜好。在山西和陕西,我见过妇女挥舞着镰刀收割庄稼。但是她们不能弯腰,否则会崴到小脚的。她们只能坐在地上,一边收割一边慢慢地往前挪。她们只能乘坐马车或手推车到麦田里来。而且她们是如此的无助,大部分人结婚以后就很少离开家,平生顶多在方圆1英里的地方内活动。

一上午的时间,我们可能会碰到上千个男人,却碰不到3个女人。她们只有被人带着,才能在各个城镇间来回。她们只能在村子里蹒跚几步,一手扶墙或手拄拐杖,挪动着僵硬的双膝,像是在踩高跷似的。正常人大步走的时候,身体的重量放在一条腿的足部和脚趾上,同时另一条腿弯曲并向前摆动。但中国妇女走路就不同了,她们双脚的前半部已经废掉了,另一只脚向前挪得很快,所以膝盖运动很少。这就是为什么中国女人走路时像装了假肢般踉跄不稳的缘故了。这也是她们的小腿肌肉极不发达的原因。她们膝盖以下的部分像扫帚柄一样瘦削,而且皮肤也满是多余的褶皱。

听说在中国男人眼里,这些畸形的小脚颇具美感,我对此表示怀疑。以西部山西的贫困山区为例。

这儿的人以黄土高坡上的洞穴为家,这些又脏又懒的居民,就住在这样的茅草屋里。肮脏的地板,被烟熏得漆黑的、满是蜘蛛网的墙壁,纸糊的窗户,泥炕上铺着虱虫丛生的破草席,几张矮凳子,猪狗和家禽争夺着主人从脏兮兮的桌子上扫下来的饭粒……难道这种从未受过教育的农民懂得怎么欣赏美吗?而且他们要带着一个连路都走不稳的妻子为生存而抗争,这样的代价还不够高昂吗?在这种情况下,他竟然还坚持要一个有着"三寸金莲"、穿着粗布衣衫的印第安式的妻子,这不是很荒谬吗?

毫不奇怪,这些一瘸一拐的、受世俗压迫的、遭人歧视的中国妇女丝毫表现不出持家的本领。美国妇女则不然。边远落后山区的小木屋,满是破烂

妇女缠足,形似莲瓣,所以被称为"三寸金莲"。此照为能握在手中的三寸金莲鞋。

第七章 尚未开发的资源

的被子、毯子和木箱,而她们会用旧报纸剪成装饰图案糊在闹钟架或者窗户上,整个屋子顿时蓬荜生辉。有人发现中国人不会花心思去装饰,屋子里没有白色或其他彩色,也没有一丝经"女人之手"的痕迹。他们甚至没有一顿像样的正餐,想吃饭的时候,就从饭桶里盛一碗饭,一边四处闲逛一边吃饭。男人把女人严密地关在屋子里,而女人根本就不会理家。

中国有句俗语:"小脚一双,眼泪一缸。"确实,女孩子从5岁开始裹脚,一直要裹到7岁。经过3年悲惨的缠脚岁月,女孩双脚的前部和足跟变得紧紧贴在一起,一美元的硬币插在缝隙中而不会掉出来。15年前发起创办了中国"天足会"的立德太太说道:"在这3年期间,中国女孩的童年充满了凄惨的色彩。她们不再是活蹦乱跳的了,也没有像英国小女孩那样的粉红小脸蛋。

裹着小脚的汉族青年女子

母亲和孩子都是天主教徒，脚却裹得很紧。

这些可怜的小东西只能沉重地靠在比她们还高的棍子上，或是趴在大人的背上，或是坐着，悲伤地哭泣。她们带着严重的黑眼圈和只有裹脚才能带来的异常苍白的脸。她们的母亲多半是躺在床上，床边放着一根棍子。一听到女儿哭哭啼啼的声音，就挂着棍子站起来，抽打本已十分可怜的女儿；但是女儿很少在外屋睡觉。她们的唯一安慰就是吸食鸦片，或者把双脚吊在木床边缘，以阻止血液循环。"

第七章 尚未开发的资源

据说有 10% 的女孩因为裹脚而死亡。然而更为悲惨的是,一位孔夫子的后裔告诉我,在山西,有的父母不忍心为女儿裹脚,只能在女婴出生之时就终止她的生命。不足为奇,由于过于严厉的裹脚,中国女人"格外的脏而懒"。她们的一生都在炕上度过,从不锻炼身体,也从不到户外呼吸新鲜空气,也从来看不到新鲜的景色;只有一些有钱人家的女儿才会在节假日乘着马车四处走走。

母亲为女儿裹脚的唯一动机就是希望她将来能找个好婆家。在最近一段日子之前,只有妓女和奴隶才不裹脚,而这种女人比驼背的女人还难嫁出去。如果新郎发现自己的新娘竟然留着天足,而非想象中的"三寸金莲",就会把新娘退回娘家,而公众舆论也会认为他这么做是合情合理的,新郎的做法绝对不会遭人责难。少男少女在恋爱之时可能不会顾忌女孩是天足还是裹足;女孩的樱桃小嘴、淘气的眼神和机智灵巧对年轻小伙子来说极富魅力,他可能会因此置世俗于度外,冲破天足的障碍。但是中国人的婚姻都是由父母做主的,所以,这些变态的父亲要求儿子也要找一个合乎体统的妻子,因而有史以来最为惨无人道的折磨就落在了女人身上。

2. 觉醒从脚开始

端庄的小姑娘，右为母亲（母亲的脚只有 2 英寸半长，小姑娘未裹脚，穿着木屐）。

多亏了外国思潮的影响，有识之士开始觉醒并反对这一恶习。数年前，慈禧太后颁布了一项谕令，要求人们摈除恶习。传教士一向对中国人的习俗持温和态度，但是此次也态度坚决起来。他们到处宣扬反对裹脚的思想，并在圣经班中公开谴责这一恶俗，一些传教士甚至拒绝裹脚妇女出现在圣坛前。当今，一些倾向基督教的独立女性也有足够的勇气拒绝裹脚了。大多数教会学校只接受没有裹脚的天足女生。有的教会学校虽然接受裹脚的女生，但是学生中间要求妇女解放的思想异常高涨。一学

缠足妇女的小脚。图中的小脚因缠足造成脚趾骨骼变形,其痛苦可以想象。

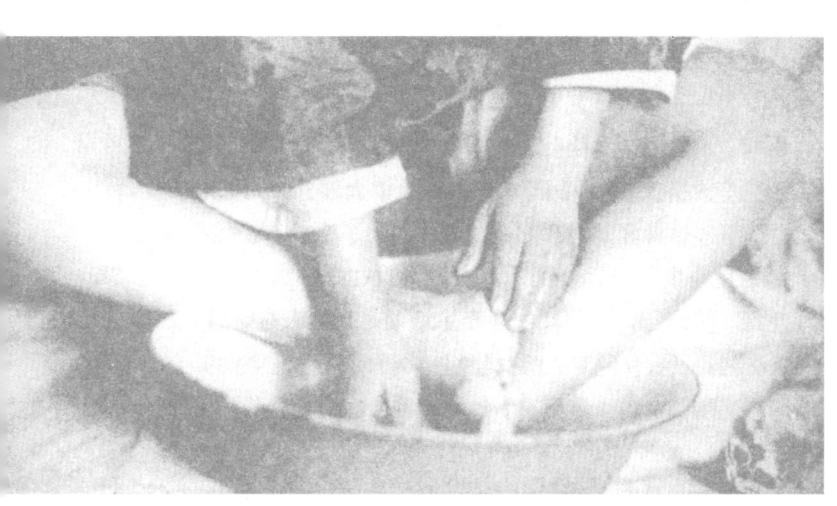

缠足妇女在洗脚

缠足妇女在穿袜子

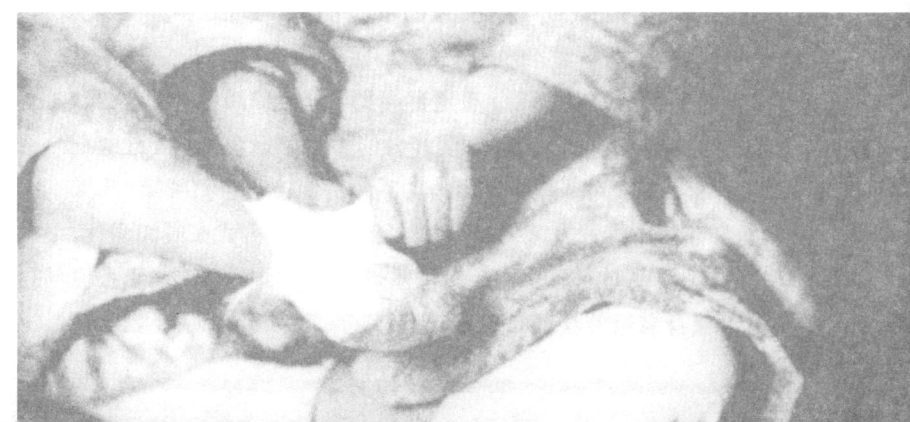

校邀请一些达官贵人参观学校的汇演，学生们有跑步的、做健美操的，还有大合唱。学校中有两名裹脚女生。她们那可怜无助的表情和在操场上奔跑跳跃的天足女生们粉扑扑的美丽脸庞形成了鲜明的对比。这一情景深深地触动了在场的官员，他们宣布："必须废除裹脚恶习。"5天之内，中国的上层阶级就自己创办了一个女生学校。去年，政府宣布，官方学校不接受任何裹脚女生。

上流社会沸沸扬扬地展开了反对裹脚恶习的运动。进步女性扔掉了绷带，用足油按摩脚部，看谁能最先重新拥有一双美丽的天足。想象一下，一群群中国女性热切地相互比着看谁的脚更大，这是怎样一幅情景啊！在中国，改革者必须要勇于面对凌辱和责难。在长江上游的万县，一个没有裹脚的女孩穿着露背衣大胆地出现在街头。朝廷命官们的妻子也准备好了鞋袜，看到别的女性放开裹着的脚了，便也跟着放足。因此，为了寻求相互支持，一个城镇的人们往往会组织成立一个"天足会"，并保证不再裹足，也不给自己的女儿裹足。为了保证这些女孩能找到一个美满的婚姻，父亲们有时也会相互约定，自己的儿子不娶裹脚的女人。这些当地团体包括当地颇有影响力的

人物。进口新式西方女性的鞋,举行集会,散发小册子,并鼓励官员给予公开支持。天足会现在也由中国人自己管理,散发了30多册文章、公告、声明、告示、诗歌和传单等等。这些宣传材料都是由地方官员、传教士、医生和本国改革人士用当地方言、普通话和文言文写成的。而且采用了各种方法来说明裹脚的危害,比如用X射线对比裹足与天足,描写绷带缠足所带来的痛苦,叙述裹脚对身体健康的危害,论述裹脚是如何限制了女性发挥自己的作用,并且拿裹脚比作野蛮部落对人残酷的损伤。由于裹脚可能造成溃疡、坏疽甚或死亡,所以反对裹脚的运动轰轰烈烈地开展起来。有诗描写"裹足者悲",甚是催人泪下,其中还有一首诗被谱成曲子传唱开来,造成了很大的影响。

从广义来看,改革只限于城市和上层社会,而广大的农村还未意识到正在开展的反对裹脚运动。因为穷人担心遭人耻笑,还指望嫁女儿能拿一笔丰厚的订金。在农村,童养婚很是盛行,父母更是觉得不能让男方家庭失望,所以给女儿裹脚。因此,人和人之间相互制约,都犹豫着不敢给女儿放脚。福建某村落,村民请愿希望总督下令禁止缠足,但是尽管人们都反

对这一残酷的行为,却没有一个人敢做第一个吃螃蟹的人。

在受西方影响很深的沿海城市,当地居民会骄傲地告诉你裹足现象已经几乎完全消失了。然而事实却是绝大多数裹脚受害者并未获得解放。莫里森博士是伦敦时报驻中国记者,也是公认的权威人士。不久前,他仔细研究了中国中部省份,根据记录得出慎重结论说,中国8岁以上的女性仍有95%在忍受裹脚的迫害。我认为这个估计过高,但是我肯定至少还有3/4的女性仍在裹脚。可以说,现在中国有700万双变形的、疼痛的、丑陋的小脚,是为了满足男性的变态口味的牺牲品。有智者估计还得再过一个世纪,这种恶习才能被摈除干净。日本的开化已经第四十三年了,但是在乡间,仍然可见大量已婚妇女将牙齿染黑,以表明自己再也不会为其他男人动心了。

3. 女人的劫难

但是缠足的绷带并不是中国妇女的唯一约束。

7月某个闷热的上午,我在路上遇见一对坐着轿子的官员夫妇,然后碰到了一个苦力,挑着两个用布

第七章 尚未开发的资源

盖着的小箱子,里面分别坐着一个五六岁的小孩。装男孩的箱子开着一扇小窗户,这样小男孩可以自由呼吸新鲜空气,看来来往往的路人;而另一个箱子的小窗户却是用布蒙住的。因为是女性,小男孩的妹妹不得不忍受炎热和黑暗。没有光明,没有知识——这就是中国女性悲惨命运的象征啊!

路过陕西的小店时,如果你看到一位女性,而她又非祖母,便会立马转身,溜回自己的小黑屋里。因为被男人观看是很不庄重的。沉闷的一天即将过去,

权力的象征。金碧辉煌的衙门,象征着不可撼摇的男性特权。

山西这样的公共牌楼很普遍

村妇们才会走出屋子，坐在门前的草席上缝缝补补，享受片刻的凉爽。如果看见陌生人，她们会如同受到惊吓的小鹿，急忙转身跑回屋里去。就算你盯着看一个9岁的小女孩，她也会马上躲进里屋去。收割季节来临之时，如果人手不够，拂晓时，一群群母亲、祖母和小孩都会跟着男人乘马车到田间干活。但是，在田间，10到25岁的女性是绝看不到的，仿佛她们都被瘟疫夺去了性命。

在福州，有位老人举行特殊的教会服务之时，某大学校长的夫人非常好客，为访客们准备好了茶水，男人在一间，而女人在另一间屋子。尽管男女不在同一个房间，但是把这些老年人不分性别地聚集在同一屋檐下，是有违中国人的常理的。迄今为止，中国人仍然坚持男女授受不亲的准则。

第七章 尚未开发的资源

一客家人告诉我说，客家人的礼节是不准丈夫和妻子在公开场合说话的。因此假如一个年轻男人和妻子在无人的小巷里碰到了，丈夫问妻子要花园门的钥匙，妻子就会连看都不看他一眼把钥匙扔在地上。回到家后，妻子会严厉地责问丈夫为什么要在公开场合跟她说话。她会说："如果有人看到了可怎么办！"

女人从来不和男人握手。如果一位绅士想给女士一把扇子，他不会亲手交给她，以免碰到手，而是把扇子放在女士身边。这种事情在亚里士多德时期时有发生。曾有一名假正经的人问孟子："嫂溺则援之以手乎？"这位圣人明智地答道："嫂溺不援，豺狼也。"①

兄弟姐妹到了8~10岁大时就要分开了，而且从此以后都得以礼相待。中国的文学作品当中，只有情歌是具有挑逗性的。这是因为礼教法规并没有限定追求和示爱的言论自由范围，所以这些一开始就受到人们的非难。人们从来看不到中国女性的哪怕模糊不清的照片，连妓女的照片也没有。西方人图书中的紧身

---

① 见《孟子·离娄上》第十七章。淳于曰："男女授受不亲，礼与？"孟子曰："礼也。"曰："嫂溺则援之以手乎？"曰："嫂溺不援，是豺狼也。男女授受不亲，礼也；嫂溺援之以手者，权也。"

19–20：世纪之交的中国

穿着便服的中国妇女

胸衣和内衣广告震惊了中国人，但是还没有哪个传教士夫人给中国人看过自己姐妹或朋友穿着低颈露肩衣服的照片。中国人从我们的裸体雕像、裸体绘画、戏剧海报和芭蕾中所受到的震惊是可以想象的。

这些限制可以看作是对中国女性的一种保护，所以她们是世界上最为端庄、贞节的女性。但是，对比一下男女的责任，可以清楚地看到，支配女性生活的法律并不是为整个社会或男性氏族社会的利益着想的。中国文化的每个篇章都是男性创造的，表达的都仅仅是单纯的男性观点。就连象形文字也隐隐表达了男性对女性的蔑视。三个"女"字就成了"奸"。"女"在"屋檐"底下才能"安"——当然是说男人才能得到安宁，而不是女性的安宁。在中国人的思想里，世界分善恶和阴阳。黑暗的一面是"阴"的，冷的一面是"阴"

第七章 尚未开发的资源

的，幽灵是"阴"的，女人也是"阴"的。虽然女人的存在是必要的，但是她们地位低下，而且必须在男人的牢牢控制之下。儒家智贤强调说，让妇女接受教育并获得自由是很危险的，因为这样一来，她们将会在社会上占上风并为害社会。

中国最精美最富特性的艺术品之一就是你在路上看到的成百上千的"牌楼"。装饰用的石门牌楼通常是用来纪念某些让世人敬重的行为或生命的。如果一个女孩在出嫁前，她的未婚夫就死了，而她也不再改嫁，人们也会为她立贞节牌坊。但是如果某个男人的未婚妻死了而他为她守鳏，人们并不会为他立什么贞节牌坊。相反的，这种行为会被人们认为是软弱和荒谬的，而非崇高的。因为以男性的观点来看，女人为男人牺牲是理所当然的，而男人就不该为一

横跨大路、装饰典雅的牌坊。这些华丽的建筑对于妇女们来说一半是荣耀，一半是枷锁。

个女人牺牲了。所以,几百年前,中国还有一种传统就是,寡妇应该在丈夫的葬礼上自杀殉情;而鳏夫从来不能做同样的事情。

如果一个女人不贞,她会被人砸死、被淹死或吊死。但是男人则不同了,他们并不认为道德是"瓶颈问题"。所以我们都认为如果妻子发现丈夫不忠,她有权对他严厉斥责,丈夫也不能为此对妻子大打出手。

在某次课堂上,中国学生从老师那儿听说美国男人向女人求婚时有可能遭到拒绝,对此感到非常震惊。在他们看来,男人遭到女人的拒绝是非常"丢脸"的事,实在是难以想象的。

在异地任职的年轻官员,可以将妻子交给他的父母,作为他们垂暮之年的女儿来养。在这种情况下,如果这个年轻人另娶"二房",所有人(包括他的妻子)都不会认为他这种行为是不对

乡村路上的牌坊

第七章 尚未开发的资源

的。但是这位弃妇却不能改嫁。无论她的丈夫多长时间不在家,但是她的角色始终是忠贞不渝的妻子。中国的法律只认可一妻制,只有当正妻没有儿子的情况下丈夫才能迎娶"二房"。但是中国男人的习惯是按自己的意愿娶"二房";而且据某些中国人说,有三到五成的中国男人有一个或一个以上的妾室。其中一个原因是,中国男人不能自己挑选妻子,但是他们可以自己挑选小妾,而男人难说会有一些风流韵事。

盛夏之时,华中和华南地区的男性往往只穿一条短裤就出门了。这跟美国墨西哥湾沿岸各州的男人穿短袖衬衫就出门是一样的。相反的,女性不裹得严严实实的就不能出门。她们所忍受的湿热的空气、不通风的小巷子和低矮的住房,实非笔墨所能形容。我们国家打网球的女孩只把胳膊露在外面,这也比中国任何一名妇女穿得还要暴露。

男孩所受的教养并不是要取悦女人。但是女孩所有的教养都显然是为了取悦男性——裹脚、绾着精美的发髻、精于女工、天真、无知以及顺从。新娘在结婚的大喜之日,穿上她最华丽的盛装,戴上所有的珠宝首饰,把脚缠到最小,指甲也仔细修剪过,头发油黑发亮,在两个伴娘的搀扶之下,低垂着眼帘,面无

表情地接受婚礼上宾客的审视。这时的她,比光亮夺目的小糖果盒还要精致、迷人。

普通百姓的女人——像一些船妇、挑水的、佣人、捡破烂的和拾柴的都可以自由行走;但是上流社会的女人就很少出门,偶尔出门也只能乘坐封闭的马车或有遮盖的轿子。这些人一生中大部分时间都是在墙内度过的,从不接触外界繁华和娱乐的刺激。除了亲戚,她们很少认识别人;随着生命的流逝,她们的朋友圈子也在缩小而不是扩大。野餐、远足和宴会也不属于她们。社会娱乐活动是为男人存在的,不是她们的。梳洗打扮、吸食鸦片、跟女仆闲话聊天、拜访几个女友——这就是她们的生活啊!难怪最严重的精神病例会出现在这些极度空虚压抑的人身上。

但是男性自以为受到了天谴。观察家指出,鸦片和赌博——这两项活动都跟中华民族传统的谨慎节俭的美德相冲突——但是由于上流社会生活空虚,竟成为了他们无法摆脱的恶习。这是对他们让女性"安分守己"的惩罚。普通百姓如果还能维持生计,就会叫他们的女人缠脚,并斥责她们;上流社会的人则把妇女隔绝在社会生活之外。由于中国人对两性之间纯洁关系的清新迷人一无所知,男人们便在

第七章 尚未开发的资源

鸦片和赌博中寻找慰藉，女人也开始以同样的方式来缓和痛苦。

在普通民众中间，男性和女性在体形上并没有太大的差异。但是，看过大量身着精美丝绸衣裳的女士们在南京的展览以后，我不禁为她们的小巧孱弱而惊叹。她们跟美国十四五岁的女孩个子相仿。尽管中国的男人比日本男人高大得多，但是这些女人并不比日本女人高大。我们并不清楚这种小巧的体型是由于无数代人对此偏好的结果，还是由于女孩从小裹足、受压制、缺乏锻炼造成的。

在中国家庭，男性的优越地位从属于对长者威严的尊敬。如果一个女人由妻子变成了儿子的母亲，她的地位就马上升高了，成为印度和波斯女人羡慕的对象。对子女来说，孝顺父母是同等重要的。在对子女的问题上，母亲，尤其是祖母享有跟丈夫同等高的权威。令人憎恶的东方教条"三从四德"让妇女从未得到过解放，而只能一辈子处于从属地位——最先从父，嫁夫从夫，夫死从子，但是汉族的妇女在最后一个阶段未必要"从子"。

4. 对天哭诉

对一个女孩、新娘或妻子而言,传统礼教对她们心灵的束缚和裹脚对她们的束缚一样残酷。因为有子女的已婚女儿就失去了父母的关心,也不能照顾垂暮之年的双亲。据中国官方数据称,由于家庭经济拮据,中国有 1/10 到 1/20 的女孩遭遗弃或被淹死;但是男婴从来不会有此厄运。有些穷人家认为养女儿终究是要嫁人的,所以不愿白白替别人养女儿,往往把女儿送给别人做童养媳。中国某些地区,一个家庭的女儿从来不是由她的亲生父母养育长大的。由于很早就与父母分开,女儿在出嫁时就不至于为与父母分开而觉得难过了。在未婚夫家长大的童养媳被夫家当苦工来使唤。当然,小女孩也要听从未婚夫反复无常的怪念头。我曾听到一个 6 岁的小男孩对没有好好照顾自己的未婚妻的奶妈说:"你怎么不好好照顾我的妻子呢?"如果男孩不幸死了,这个可怜的"小寡妇"就要受夫家父母的任意支配。在婚姻大事中,人们考虑的唯一因素不过是聘礼。

就算女儿在父母家中长大,她也会很早就订婚,而这种奇异古怪的婚俗充满了最为险恶的可能性。有

第七章 尚未开发的资源

一次,某地一位老者的儿子在幼年时就与一个小女孩定了亲。等他们到了结婚的年纪时,却发现新娘在几年前的一次猩红热中变成了白痴。一年以后,新郎再也受不了新娘了,就把这个女孩送回了娘家。这种行为被人们指责为有伤风化,因而这位老者受到教会的审判。每个中国人都认为他有罪,而传教士却认为他做得对!另一方面,假设某农夫的小女儿跟一个轿夫的儿子定了亲,而这个小女孩聪明、有学问、接受过学校教育,并上了大学,修了医学课程,成为一名成功的医生。尽管如此,婚期一到,她也必须接受这个冷酷无情的习俗,顺从童年时就安排好的娃娃亲,嫁给这么一个连轿夫的工作都做不好的笨蛋!

中国发生过许多女孩反抗早婚的悲怆故事。她并不怨恨父母把她嫁给一个从没谋面的陌生人,但是,她祈求父母能为她找一个当前门当户对的丈夫,而不是在很早以前为了拿聘礼就给她定了亲;而那时谁也不知道她的未婚夫和家庭以后会变成什么样。

充其量也只有可信赖的专业媒婆能为女孩找一个合适的婆家。但是中国有句俗语:"十个媒婆,十一个骗人。"媒婆先给他们测了生辰八字,然后把写有女孩名字和年龄的卡片放在男孩的祖宗灵位前。如果没有什么不祥的征兆,那男孩就可以跟女孩定亲了。结婚之前,双方互不认识也从未谋面。中国人的婚姻中,没有罗曼蒂克。

她们幸福吗?一些德国和英国的观察家——当然不是美国的,他们认为,这种包办婚姻与西方人自由恋爱结婚一样能让人获得幸福。看看中国的家

走在北京街头迎娶新娘的八抬大轿

庭内部多么和睦,而且当妻子要接受手术之时,有些丈夫会表现出非常痛苦的表情。这说明在危机之下,人们内心深处的感情会通过眼神表现出来。因

第七章 尚未开发的资源

此，这些观察家指出，如果人们对婚姻的期望值不至于过高，那么，他们对对方的适应性也比我们想象的高得多。我们也必须承认，西方人幸福的程度取决于对幸福的理解。中国的小姐对好丈夫的标准并不是要求他懂得罗曼蒂克，懂得温柔体贴，或是彬彬有礼。在她们看来，只要丈夫不虐待自己，又有孩子可以倾注满怀被压抑的感情，那她就会觉得生活过得不错了。

然而，压抑人的天性是件很危险的事情。中国家庭内部的和睦，主要是由妻子自我牺牲和自我退避才得以维持的。当然，由于经常性的克己自制和残酷的感情压抑，其代价就是无数年轻的妻子选择了轻生。她们投井或投河自杀，或是吞食大量鸦片。鸦片丰收季节，也是大量女性自杀的时节。还经常有不少女性变得精神错乱。中国有不少神经衰弱的女性，这驳斥了中国人神经麻木的说法。有医生声称，由于承受着巨大的精神压力和痛苦，不少

母女

衣着漂亮的新婚夫妇,女子头上顶着红盖头。

中国女性都有心脏病。妻子们的脸上往往是苍白的印记,写着忍耐和温柔的顺从,而没有丝毫幸福的痕迹。有中国妇女告我说,她们和朋友之间的私房话都是在倾吐不幸的事。中国人习惯"对天哭诉"。当一个女人再也忍受不了痛苦的时候,她就会对天诉苦。我曾在扬子江畔,看到一个茶馆的老板娘站在河堤上,对着在河中撑船的几百人哭诉她对男人的看法。深夜我们急行经过一个小村庄,遇到一个女人对着苍天哭诉自己的悲痛。灯都熄灭了,人们尽在熟睡当中,而她站在这里,孤独地,悲哀地,在黑暗中不停地哭诉,甚至都没察觉到我们从她身边走过。

如何处理多余的女婴是母亲的巨大痛苦。在一个女传教士面前,村妇们以为她听不懂当地方言,便

第七章 尚未开发的资源

向她忏悔她们曾遗弃或扼杀过多少女婴。这位女传教士终于听不下去了,忍不住大声说道:"你们怎么能这么残忍!"这群女人抬起头来,用几乎盛怒的口气回答道:"你以为我们不心疼吗?要不是考虑到新生儿要夺走其他孩子的口粮,我们怎么会忍心这么做呢?"这位女传道士后来说:"从此以后,我终于明白了人们是如何迫于经济拮据的压力而不得不杀死女婴了。"

妇女和孩子

5. 她们过得很不幸福

对中国新娘来说,婆婆可是开不得玩笑的。通常在十六七岁的时候,实际上小新娘就已成为这个女人的奴隶了,连她的新郎也不敢为她说半句话。生下小孩后,孩子也不是由她养的,而是由婆婆说了算的。受过教育的基督教女孩是不愿意嫁给这种尚未开化的家庭的。她们担心在无知而又迷信的婆婆的专制下,孩子养不好或是会从此失去孩子。然而这种情况是不可能的,而且还会引起悲剧。一位女医生告诉我说,曾经有一位快急疯了的男人急急忙忙把她叫过去,发现他的母亲正坐在他年轻的妻子身上。这个女孩眼球突出,如果不赶紧把这个疯婆子拉开,她很可能在几分钟之内就会窒息身亡。不过,如果新娘家势力强大,而她的婆婆很严厉的话,这位婆婆也会有所收敛,否则有可能招惹麻烦。当然,如果新媳妇威胁说要自杀,这话也是颇有效力的,因为如果她被婆婆逼上绝路,那她死后也会变成厉鬼缠着她的婆婆。而且这么做对婆婆来说也是一个很大的家丑。听我一个朋友说,有个女孩被婆婆逼死了,婆婆还无力地抽打那个女孩的脸,因为她觉得女孩这么做毁了她家名声,

第七章 尚未开发的资源

让夫家蒙羞了。

在西方,男性自杀的人数是女性的 3 到 4 倍,部分原因是由于两性的心理差异造成的。但是在中国,女性自杀的人数却是男性的 5 到 10 倍。这一数据明显地说明了在男性主宰的社会里,女性的幸福程度究竟有多少!自杀的女性中多数为年轻的新媳妇或新寡妇。前者之所以要自杀,是因为她们过得并不幸福;后者选择自杀往往是因为她们认为这是应该做的(请注意,200 年前,中国才废除了给那些在夫婿丧礼上以死殉情的寡妇树贞节牌坊的习俗)。把新娘逼到绝望的境地,以及驱使新寡妇以死殉情的习俗,都是男人规定的。大量的女性自杀现象是对女性在男性保护

女孩得做家务事

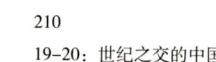

缝补破旧衣物的妇女

之下才能获得幸福的理论的强烈讽刺。

很显然,中国妇女的命运并不由她自己掌握,而是由男性随自己的喜好和偏好主宰的。男人根据自己的观念来左右女性的生活。古代圣贤全是男性,制定了女性应该遵守的伦理道德,而这些仅仅是男性的观点,而非公众的观点。男性只会用传统礼教来压迫女

性。尽管有个别女性依靠自己的智慧、决心和价值观逃脱了个别男性的魔爪，而且这样的例子也不少，但是整个女性还未从男性的主宰之下解放出来。男人拥有所有的大炮——长期被奉为圣明的教义和风俗制度；还有所有的小型武器——现今人们流行的观点和舆论。女性被关禁闭，没有接受教育、不能随处活动、没有朋友、不能随意跟人交谈、缺乏生活的动力，也没有接触事务的权利，不能接触新观念，也不能以自己的观点行事。

然而，并不是哪个男人自私地要支配女人，甚至不是哪个性别要故意把另一个性别纳入自己的统治之下。事实上，男性在"阳"性思想的影响之下，对自己在智慧和道德上的优越性有完全的自信，所以为自己、也为女人制定了"正确合适"的规则。

某次我与一位致力于孔教复兴的男士的对话，极好地印证了这一观点。我承认，就孩子对父母应该承担的责任来说，中国人的观点比美国人的观点更完美。接下来，我又补充道："但是，你也该承认，我们在对待女性的问题上，做得比你们更公平。"但是这位绅士回答道："不对。孔夫子为女性分配的地位比你们西方基督教所做得更为合理。"

"那为何女性处于从属地位呢?"

"因为要驾驭女人是很困难的。你从来不会清楚她们接下来会做些什么事,红颜祸水啊!"

我问道:"难道这不是因为你们剥夺了女性接受教育的权利所造成的吗?"

"不是。我们的祖先曾经试图让女性接受教育,但是这样一来,她们变得更难以驾驭了。所以我们的祖先才拒绝让她们接受教育的。"

"那你们就把女孩子拒绝于校门之外?"

"不,我们不会做得太过分。"他回答道,"我们会让她们学会读书写字。"

"没别的了?"

"也许会有吧,但是肯定与男孩子接受的教育不一样。"

"比如说?"

"比如教女孩子持家之道和伦理道德,这样她就能知道自己作为一个女儿、妻子和母亲的职责了。"

"在职责之外,你们会教会她们一些应有的权利吗?"

"不会,不会。完全没有必要。"

这位坦率的孔夫子继续说道,当今走在大街上的

第七章　尚未开发的资源

中国香港女人像"妓女"一样。我抗议道:"但是,这种自由给了她们幸福和更多的东西。""不,家庭的团结和睦应该高于个人幸福,而这种和睦只有靠丈夫至高无上的意志力才能带来。"

这多像古罗马人的观点啊,跟李维(Livy)对老加图(Cato the ELder)说的观点一样。① 正如普伦提斯(Rrentice)所说,男人是社会的主干,而女人不过是"旁枝末节"。数年前,有人提议在奉天府开办一个女子学校,一位老学究不禁叫道:"开办女子学校!女人学会读书了,那男人干嘛去呢?"

当然,听男人反复地说了千百次以后,中国女人也开始相信自己是愚蠢的,需要管制的。尽管从来没有哪个外国人跟她们灌输过"权利"的观念,但是有些人也开始觉醒到自己的悲惨处境了。几年前,9名广东少女在一个晚上集体投河自杀,以此抗争为人妇的命运。广东中部有3个地方,女孩往往在纺丝厂工

---

① "回忆所有与性别相关的制度,我们的祖先限制女性的活动,使她们从属于自己的丈夫;然而,就算有诸多条例限制,她们也很难完全处于控制之下。如果你让她们慢慢地丢掉束缚,最后突然冲破所有限制,站在跟你平等的位置,这时你还认为她们是可以容忍的吗?她们一旦处于跟你平等的地位,就会凌驾于你头上。"

作。上千名女孩联合起来组成了一个"反对包办婚姻组织"。该组织的成员拒绝与丈夫过传统的婚姻生活,而且有合法权利"回娘家",只在某些特殊日子或好几年以后才回夫家。如果女孩的父母希望她重回丈夫家并跟丈夫复婚,这个女孩就会选择投河或服毒自杀。新娘只在特定的节庆日才回夫家,以维持她的妻子地位。如果她的丈夫另娶了一个更为温驯的妻子,那她就成了"正妻",成了二房的女主人了。

6. 渴望挣脱牢笼的束缚

如果女人能够独立自主地生活,她们会做些什么是很难描述的。不过一般而言,妇女解放是受国外思潮影响,而非个人机会的增加造成的。基督教也起到了相当作用。学习新约全书提高了女性对自我的看法以及他人对妇女的看法。我在某些基督徒脸上看到了圣洁的和平光辉和道德的提高,流露出中国人已尘封了无数世纪的道德财富。有的村民把一些圣洁的基督教妇女视作"神的亲戚"。传教士的家是一个安静的地方,也是一个传教的实物教学课堂。一位女传教士对一群中国妇女宣扬了天堂的知识以后,一名中国

妇女说道:"如果我的丈夫能像你们的丈夫一样陪我在大街上溜达,我就会觉得自己上了天堂了。"中国的信教徒学会了去疼爱自己的女儿并且给女儿接受教育的机会。他们不再为女儿的婚姻大事越俎代庖,会更多地考虑男方的性格,看他是否能给自己的女儿带来幸福。女儿能够跟男方见面,至少也能打听他的消息,她也可以拒绝男方的求婚,而不致招人责备。

传教士不仅是解放妇女双脚的先锋,还是解放妇女思想的先锋。教会学校的第一批女学生都已成祖母了,而第一个非教会班的女生 3 年前刚毕业。这个班的女生学会了顺势疗法的相关知识。最开始,某些学校只教女生阅读,而不教她们写作,因为怕她们给男生传纸条!她们学习的内容只有《圣经》,并且背诵了许多内容。他们能给你按时间顺序背诵《创世纪》,只要你想听,从第四章到第十七章都不成问题,而且就算被打断也能很快重拾思路。20 年前,她们学习的课程更加丰富了,包括自然科学、宗教历史、算术、地理和音乐。5 年前,英语和历史也增加到学习课程中了。另一所英国学校中,我发现女孩们能够享受以下诸多课程的丰富盛筵:上午——新约全书,解

北京街景

释课文；下午——旧约全书历史。

　　传教士们认为中国的大地上掀起了"妇女解放运动"的热潮，她们的眼界也在不断扩大。尽管他们教会了女孩子们孝顺，每当父母们跟他们说教会学校毕业的女儿是最为尽职尽责的孩子，传教士们也都会觉得异常骄傲。但是在内心里，每个教会学校的女校长都是中国女性统治者的天敌。当然，这并不是她的角色，最初她会对此表示搪塞，但是如果她们觉得你可信任之时，她们会坦白爽快地承认这一点。她不会怂恿女孩们去要求这个或那个权利，但是她会尽一切努

园中小坐的中国女士

力帮助女孩树立自己的个性,拒绝接受旧的社会地位。一个负责女子卫校的医生劝诫年轻女子不要接受现阶段的婚姻条件。如果一个教会学校的女生拒绝接受童养婚,她的老师虽然从不直接干涉,却会给予她"精神上的支持"。

教育推迟了人们结婚的年龄。10年前,大多数高中女孩就订婚了,但现在她们请求父母能够让她们先完成学业再结婚,所以很多19、20岁的女孩还没订婚。有人甚至开始和中国女教师约会,这位教师在结婚前一直都在教书。近5年来,中国人自己创办了不少女子学校,需要大量受过教育的女性,所以很多教会学校毕业的女生都成了教师、护士甚至校长。从

前父亲对女儿要求接受教育的请求充耳不闻,但是现在由于受教育的年轻女性工资非常可观,父母对这种请求也越来越宽厚了。

过去人们都欣赏那种美丽但无头脑的妻子,但现在这种类型的妻子已经过时了,而另一种类型的正悄然兴起。大学毕业的年轻人喜欢受过教育的妻子,所以在婚姻市场上,有学识的女孩开始走俏。经常有一些彬彬有礼的年轻人向女校长仔细地询问这个或那个女孩的学识和成绩;而以前只有一些父母才有这样的询问。她会唱歌吗?会弹钢琴吗?懂不懂英语?以前

| 外城与护城河

第七章　尚未开发的资源

问到某个女孩时，求婚者会说"某某的女儿"，但现在则称"某某小姐"。以前男士不敢直接跟自己中意的女孩说话，而由父母跟对方父母洽谈，但现在这种做法已经过时了。

　　旧习俗正在一点一点地消失。虽然还没听说过有人向女孩求爱，但是年轻人已经可以在父母眼皮底下相互交谈了。就算他们不能在一起交谈，也可以隔着屋子相互对望，或者交换照片。无论什么情况，年轻人都坚持有权了解求婚者的情况。在开明人士当中，

弹奏琵琶和三弦琴的小姑娘

童养媳和童婚已经不复存在了。说来奇怪,高校女生并不是十分反对包办婚姻。她们对自由的渴望比对罗曼史的渴望更强烈。这种自由包括摆脱父母、丈夫、婆婆和压抑人性的习俗的束缚。她们听说西方的姐妹拥有更广阔的天空,便猛烈地扑扇着自己柔弱的翅膀,渴望挣脱牢笼的束缚。

新机遇改变了母女之间的关系。母亲往往是旧式的,不再是这些年轻女儿的良师益友了。正如一位受过教育的年轻女士所说:"没错,女儿必须充当伴护的角色。母亲对规矩和交谈的观点根本不适合新的环境,所以我不时给她提一些建议。"

在天津、香港和上海,上流社会的女孩认为"西式"就意味着完全的自由,并不了解西方年轻人所必须承受的难以言表的约束。那些被称为"自由女性"的女孩,以为必须完全由自己解决心中大事,却忽略了父母的指导能够让女儿们少走多少弯路啊!而且有些时候,女孩为了获得完全的自由来解决心中大事,不得不与人私奔,而这样的婚姻结果往往是不幸福的。一个女学生为了躲避强加给她的不理想婚姻,便跟两个同学跑到日本,并给父母写了一封信,说自己还未决定最爱是谁,还不知道该嫁给谁。

第七章　尚未开发的资源

春天来临之际,北国冰封的湖水变得缺氧,如果在冰上打个洞,冰下的鱼儿便会疯狂地挤到一起,呼吸新鲜空气,有的鱼儿甚至会跳到水面上来。尽管如此,氧气对鱼儿终究是有好处的。正是这个原因,当国外给禁锢中国女性的坚固习俗打开了一个缺口,年轻女性对自由和知识的渴望会让她们完全摆脱本国因素的影响。当然,自由和知识对年轻女性也是很有好处的。

不过,教会学校比中国政府创办的学校更好地满足了当前的需要。一位毕业于密歇根大学的高贵的中国女医生对我说,在她们的女子学校,女生学习的是许可做什么而不是自由。她指出,只有基督教育才会明白地告诉女生,如果她们想要从旧的监护之下解脱出来的话,道德限制是非常必要的。她的说法是正确的。受过教育的中国女孩所要进入的世界还是一个实验性的世界,因为年轻男性还不能欣赏她;美国女孩周围的男性所表现出来的温柔体贴和彬彬有礼的精神,中国男性还不具备。我问一个熟悉东西方生活的满族女性:"还要过多少年,你们中国人的母亲才能准许女儿和大学里的男同学一起在晚上去骑马呢?"她的回答如同一道晴天霹雳:"100年!"

有识之士大多认为，如果每一代人的母亲都无知而且不为人所关心，那么中国将永远不可能强大起来。他们逐渐认识到了母亲在塑造儿子性格方面所起的重要作用。当然，最重要的是，中国需要的是高度坚定正直的男人。如果他们从小就跟一个从未受过教育、思想狭隘、受人歧视、被人忽略的母亲相处，并受其影响，是不可能成为这样高度坚定正直的男人的。一些传教士最初忽略了母亲的战略地位，现在却惊奇地发现基督教徒的孩子又变成了异教徒，其原因就在于这些孩子的母亲未受过教育！

我们知道孔夫子和孟子的母亲在塑造这两位圣人的性格方面起到了不可磨灭的作用。有意义的是，自从中国人开始束缚女人的脚和思想以来，中国就从没产生过一位伟大的人物。所有跟黄种女性一起工作的人对她们的潜能表示出了满腔热情。这是不言自明的。她们的脸上写满了个性——跟世界上任何一个地方的女性都一样。中国将来所要修建的铁路、所要开采的煤矿、所要兴起的贸易，将会带给中国人幸福；而开发中国女性这一"尚未开发的资源"，将会带给中国人更大的幸福，这一幸福远比第一种幸福大得多。

JI DU JIAO
ZAI ZHONG GUO

第八章

基督教在中国

| 寺庙的圣坛

1. 本土的信仰

北京雍和宫的晚祷仪式,圣坛、神像和大烛台中间,有20个头发剃得精光的年轻和尚坐在矮凳上;檀香缭绕,在巨大的金身佛像前氤氲上升。一个满脸皱纹的藏族方丈,穿着带有浮花锦缎金光闪闪的法衣,盘腿坐在祭坛上。每个诵经者面前都放了一堆长长的羊皮卷,上面是藏文写的晚祷文。他们齐声快速

第八章 基督教在中国

地朗诵经文，语调深沉，颇富乐感，像是千百个洞穴中飞出来的蜜蜂正在嗡嗡低鸣。其间，不时夹杂着尖锐的叮当声，铙钹声，击鼓声，还有类似古巴比伦的长号声。这一切仿佛一幅丰富多彩的画面——供耳朵听的画面，而不是供眼睛看的——各种乐器的声音如同怪异的满藤花纹，而低低的嗡鸣声就如同这些花纹的背景。

在这种背景之下，我在中国鸦片最流行、裹脚现象最严重的某省一个小镇上，碰到了一个瑞典籍的美国传教士，他在中国的传教工作取得了巨大的成绩。在中国的8年工作中，他组织了一个200名中国基督徒的团队。这些基督徒大多数是来自中国农村的男性，其中30名是教师，12名受过一流教育。尽管这些人都不是高官，但地位显赫。虽然满清官吏都很友善，但是这位传教士并不急于跟他们培养密切的关系，除非他的信徒要打官司，需要官员出面。他严禁信徒吸食鸦片，后来还为此开除了20名种植鸦片的成员。最近他在教堂举行了一场布道会，很多人公开忏悔了自己的罪恶，并表示会做出弥补。基督教是坚决抵制赤裸裸的谋杀和抢劫行为的。作为马丁·路德的信徒，这位传教士并不要求他的信徒像清教徒一样奉行安息日。他还创立了一个吸食鸦片者的收容所。冬天，116名吸食鸦片者在这个收容所获得了1个月到一个半月的治疗，大多数人都得到了永久性的康复。他还创办了一所学校，有30名女孩在此学习了9年。在他的鼓动下，中国上层社会成立了一个"天足会"，200名非基督徒的女孩和妇女都释放了自己的小脚。谁会否认这是一种"完全圣洁的宗教"呢？

中国的宗教水平实在很难得到西方人的赞扬，不过无论如何，基督教赢得了大批信徒。诚然，孔夫子的信徒宣扬一种纯洁高尚的道德，但是孔教并不是一种严格意义上的宗教，而不过是一种伦理制度。而

寺僧

第八章 基督教在中国

且,在文人阶层之外,孔教的权威性并不大。道教,最初是一种玄学,现在已经融合于最为拙劣、最为俗气的迷信熔炉之中了。而中国的佛教,姑且不说没人能从中找出释迦牟尼的光辉思想,就连今天在缅甸和日本所能见到的佛教那种崇高的精神,在中国也找不到了。中国人对佛经精神实质也很感陌生,就如同阿比希尼亚的埃及基督徒要了解福音精神一样,都不甚了解。一百名信徒中找不出一个能有哪怕一道金光的。尼姑庵的名声也不好。只有在个别僧院才能碰到一些和尚,能让人联想起这种信仰的伟大传统。

通常而言,中国宗教所带来的结果似乎就是数不清的寺庙,邋遢而不受人重视;无数凶神恶煞般

广州的五百罗汉庙

佛寺中的神像

的覆满灰尘的神像；还有一群无知的僧人，如同罗马占卜师般多疑，只会占卜、驱邪、参加葬礼仪式，以及一群迷信又不敬神的俗人，往往出于实际利益才会马马虎虎地磕头叩首、求神拜佛。过路人往往可以在某些圣树上看到树枝上挂着红布飘扬在风中；设在门后的砖屏，用来阻挡看不见的妖魔鬼怪；路边的神龛里，过路的苦力求神降福所烧的香还余有残香缭绕；悬崖上的数百个壁龛里面有一些神像或圣人的雕像；神像的嘴唇上涂着祭祀牺牲的鲜血；突出的大石头或奇岩异石被香火熏得漆黑，还沾着家禽牺牲的羽毛；船夫在渔船上也会烧香，出船时还会杀一只公鸡，用鸡血染红船首，以此希望会有好运。

苏州某个寺庙，角落里摆了一大堆破破烂烂的神像，隐约可以看出是由木棒、草席和泥巴造成的。其

第八章 基督教在中国

中大有文章,据说是在8世纪从弗里斯兰省传到罗马的。不久前,一名改革派官员发觉神像已经成为愚昧人们精神的破坏性事物了,便聚集群众宣布要跟神像做殊死决斗。他把绳索一端系在自己的脖子上,另一段则系在身形巨大的神像脖子上,接着说:"如果神像比我还厉害,那我就被勒死;如果神像不如我厉害,那神像就被我拉倒。"这位官员对自己的脖子颇有自信,便用力一拉,神像轰然倒塌。从此,圣托马斯的怀疑精神在苏州广泛流传开来。

西方宗教对中国的冲击是由1400名罗马天主教传教士和4000名新教传教士带来的。但是这些传教士中,有足足1000名是传教士夫人,而她们并不能全职做传教的工作。罗马天主教传入中国已经有3个世纪了,拥有100多万名中国的浸礼信徒。新教传入中国不过是本世纪的事,教友也不超过2万名,但仍有大约50万中国人成为新教教徒。因为本人对罗马天主教不甚了解,所以接下来笔者所要叙述的多为新教传教士。

2. 传教士与中国民众

对未受过良好教育的中国人来说，传教士的出现是一个不解之谜。他们完全不能相信，还会有这样的人，为了宣扬对人类的爱而远走他乡。于是他们就编出了各式各样的理由来解释这个事情。有人说，这些传教士是国外派来的秘密政治间谍，目的是要影响中国人，继而控制中国政府。直到最近，才有人认识到这些陌生人并不是国外政府派来的，而是一些宗教组织派来的。另有一种说法，中国以优裕富饶闻名，这些红毛鬼是为了追求幸福的生活才来中国的。至于他们无私克己的仁爱之心，其实是受了追求利益的欲望驱使。

远东跟亚洲的回教地区不同，他们对宗教的信仰并不强烈。在这种意义上而言，中国人拒绝过问宗教争端。中国人有时会聚众袭击传教士，但这并不是因为他们对异教徒有强烈的排斥感，而是中国人再也忍受不了鸦片战争、被强加的鸦片贸易、被迫开放的通商口岸、领土主权被破坏以及民族自尊受到打击，所以这些世界上最懂得忍耐的中国人终于爆发了强烈的排外情绪。尽管传教士并没有参与到这些事务当中，

第八章 基督教在中国

但是当仇恨的黑色风暴席卷而来之时,作为最接近中国人的外国人,这些传教士不可避免地受到了雷击般的侵袭。当然另外一些反对传教士的暴力行为,则是由一些文人和官员阶层有目的地煽动起来的。因为他们担心传教士带来的新思想会动摇旧的统治制度和剥削制度。然而,要不是这个被中国错误地称为"强加给中国的基督教"——意思是说,基督教要求不容异己的满清政府允许他们自由地在中国各地旅行、生活和传教——统治者自私的治国方针还将继续剥夺传教士带给中国人的这些东西。

随着中国人对外国人的了解越来越多,对他们温和单纯的侵略动机也有所了解,他们进一步认清了西方人和远东地区极富侵略性的俄

佛陀

罗斯人之间的区别。过去5年,传教士与中国的先进分子之间的关系有了长足的发展,并达成了友善的谅解。吸食鸦片者和缠足的妇女都感谢传教士帮助了他们。一位官员和当地一名传教士在其管辖区域巡视,双方都从同一立场提出了鸦片革命。那些受过新式教育的中国朋友认识到中国应该感激教会学校,因为这些学校长期以来一直致力于培养适合西式教育的人才。近来有不少高级官员通过言行对教会学校的教学训练表示感谢。某省议会成员参加了一次教堂会议,其中副会长和秘书公开表达了自己的基督教信仰。在中国内地,由于没有贸易者煽动对白人的仇恨情绪,传教士发现这里的中国官员不仅对他们满怀感激,而且相互之间颇有共鸣、和平友爱。

英国和美国两国传教士的工作有着巨大的差异。英国传教士主要致力于翻译和宣讲福音,美国传教士除此之外,还致力于医疗和教育领域。在高等教育领域,美国传教士开办的学校几乎成一枝独秀局面。在14所清教徒创办的教会大学和学院当中,只有一所是由英国传教士创办的,其他的都是美国传教士创办或联合创办的。山西大学校长是一名英国传教士,他宣称:"英国传教士带有英式保守主义的特点,认为

他们的工作只在于宣讲福音和救人,而不在于启蒙人们思想。美国传教士则直接投身于中国迫切的眼前需要,在教育上所做的投资比英国传教士所做的要多出100倍。"

两者的差异表明了两个社会信条的巨大差异。大多数英国传教社团热切渴望中国能够获得真正的繁荣,但是却没有考虑提升中国人的智力和改良社会组织结构。美国传教社团对整个人类持有坚定的民主信念,渴望帮助中国在各方面都取得进步。英国人对中国教育缺乏热情的一个原因或许在于,他们曾试图在印度大学生当中推行基督教,但失败了,而且有教养的印度人还发起了反抗运动。也有人认为英国之所以对中国教育漠不关心,不过是因为他们不如美国人那样相信教育的作用。

可以肯定,跟受过同样教育、同样富有奉献精神的英国传教士相比,美国传教士在文化和教育上做出了巨大努力,并且让中国人的公众观念、法律和制度都渗入基督教的思想。但是,这两国的传教士都认为仅仅通过布告传教,是很难把中国人转化为基督徒的。而且他们也没有找到一种合适的语言能够与中国人民的心灵进行完全的沟通。另一方面,中国人的

泥塑的佛教天王

能力和性格也是众所周知的。所以传教士认识到他们的角色是创办中国人急需的大学和理论学校,并且监督他们的教学工作;而为中国人福音传道的工作应当由训练有素的中国人来承担,这样所花费的成本仅为外国人传教成本的 1/6。

所幸,由于这种指示功能有着显著作用,一种不同于早期传教方式的新传教类型产生了。这些年轻人多为学生自愿者,有更为正直的态度、更为强硬的手腕、更为敏锐的目光、更为简明的演说以及对户外运动更大的热情。他们更加注重健康;他们在祈祷等宗教活动上花的时间更少了,与时代的接触却更密切了。他们的知识兴趣更广泛,通过社会和运动爱好,他们找到了跟通商口岸人们的共鸣点。在信仰、自我风险和英雄主义方面,新旧传教士之

第八章　基督教在中国

福州的寺院

间都是一致的。不同的或许在于，旧传教士具有更崇高的坚韧力和更多的谦恭。但是新传教士更能迎合新时代下中国人的情绪。他们并不满足于激发人们有所保留的信念，而意欲促进中国人全方位的转变——用他们的语言来说，就是"让上帝之国降临中国"——似乎如果他针对少数人的话，更容易获得成功。

去年，我观察一位福建的年轻传教士，从他参与的种种活动可以看出，传教士的工作需要男子汉的气

长江"小孤岛"上的寺院

魄。他曾是一位成功的人寿保险代理,为了听从上帝的"召唤"而放弃了这一切。现在他是3个地区的教务主管,这3个地区分别有1名主持长老,20名牧师,以及大约30名会众。他要布道、主持会议、供奉教堂、审查部门候选人、指导、鼓励以及领导信徒。他大部分时间得坐在轿子上,观察史密斯学会描写的鸟类生活。当吃人的老虎威胁到村民之时,他会请几天假去捉老虎,然后剥制虎皮并送往教会大学博物馆做展览之用。虽然他不懂建筑,但是他还得监督一个能容纳2500人的大教堂的修建工作。命令工人拆除建得不好的墙段,并设计一种方法支撑45英尺宽的屋顶。这一占地宽广的建筑群,有造价3万美元的建筑物和9英尺高的墙,仿佛是在20世纪建造的13世纪的建筑物。半夜有子弹穿过教师的房间,他也必须要和忧心忡忡的中国官员协商,如果他们能保证类似事情不会再发生的话,他也保证不会

第八章 基督教在中国

状告领事。总之,这个令人愉悦而又富有权威的美国人,经常四处走动,说着方言、评价、跟人协商、做出决定、组织各种事情,是一位真正斗志昂扬的基督教陆军元帅。

过去人们嘲笑基督教是"精神粮食",现在仍有人质疑教会工作成果的质量。一位儒家绅士会告诉你,虔诚的信念会极大地提高人性,但是大多数信徒是利己主义者,他们不过是在利用传教士。这种外行的批评指出,根据他对那些想要入教的中国人的性格和立场的了解,传教士依靠中国本土的福音传道者,但这些人往往是另有企图的。另一方面,事实上基督教信徒得不到任何物质上的好处,而是要不停地奉献自己,直到教会能够自给自立为止。在领取救济粮的时候,信徒和非信徒并没有任何区别。而且,想皈依基督教的信徒有不少世俗的动机,所以经验丰富的传教士会让渴望皈依的人等一段时间,才给他施洗礼。传教士都渴望见到皈依者诚心皈依的明证。某传教士的最受尊敬的信徒在复活节期间坦陈了自己的全部罪恶,从此他们心中的负罪感便消失了。或许最能证明传教士不接受伪善者的例子就是,一万名清教徒和三万名罗马天主教的皈依者在义和团运动中死亡。如

果他们撕毁一张写着"耶稣"两字的纸片，他们就可以活下来，但是他们没有这么做，选择了宁死不屈。

如果认为传教士只是想宣扬救赎的信仰，那就大错特错了。在这种传教士看来，信念绝不如我们或早期传教工作中那么突出。他旨在造成深远的影响并对皈依者的生活进行广范围的改造。这意味着要完全改变皈依者的根本价值信仰。普通中国民众认为，宗教和别的东西一样，必须具有实用价值。在他们看来，"香火"不过是获取世俗利益的源泉。他们求菩萨保佑自己重获健康、有个好收成、科举考试夺魁、生意兴旺或者加官进爵。如果一种宗教并不能满足他们的这些要求，而只是承诺给予精神上的祝福，如忍耐、勇气和战胜诱惑等，中国人会觉得这是非常不可思议的。开始他们会觉得这个宗教不过是骗人的，接下来他们又会觉得这是一个怪事。但是他们会发现，基督徒眉宇之间流露出平和的表情，他们在迫害之下表现出来的温顺表达了潜在的力量。但是现在，他不禁开始想："那这种内在的生命终究是怎样的呢？"

随着基督教的传入，中国人的理想也发生了显著变化。尽管他们发展落后，但是中华民族对理想主义并不比我们逊色。圣·奥古斯丁发现我们不信上帝的

第八章 基督教在中国

祖先们根本就不是物质主义。中国人和我们一样，为仁爱、纯洁和宽容所感动。在阅读福音书之时，他们内心深处也会跟我们一样，唤起一个更完美的自我。对他们大多数人而言，基督教的理想是一个崭新的、更美好的生活。他们信奉基督教，是因为他们能够寻找到内心的安宁，而不是因为基督教有超自然的能力。

真正了解《新约全书》真义的人会觉得自己经历了一场完美的自我升华和幸福的过程。《新约全书》让他们从心头的恐惧——对不幸的担心、对疾病的担心以及对死亡的担心中解脱出来。中国人的生活和思

峡谷中的庙宇

想给这些爱沉思的灵魂描画了一个悲观的前景；而西方的宗教则为他们提供了一个真正的"新生"。我曾遇见过一些虔诚的信徒，他们的脸上流露出愉悦的表情。福音书对他们来说，就是打开了被俘的奴隶船，解放了被幽禁的不幸之人。

3. 外国人说些什么

传教士为人们打开了无数新窗口。香港圣婴收容所的病房和卧室保持得非常干净整洁。一位当地的老妈妈说，在弥留之际，一位中国牧师给她讲解基督教教义，并告诉她天堂有多么美丽，她感到非常高兴。但是她还是抗议道："我为什么要进天堂呢？天堂比这里还要好吗？我在这个美丽的地方觉得很开心啊，我可不想死，也不想住在天堂里面。"可怜的灵魂啊，她一生都在跟肮脏和混乱做斗争，但愿她追求整洁的灵魂能够最终得到安息！

虔诚的皈依者必须与过去的一切进行决裂，这是非常突然的事情。他必须拒绝鸦片、赌博、不贞的朋友和罪恶。从此他要杜绝说谎骗人、诅咒、吵架以及污言秽语，而这些在无修养的普通人中间是非常常

第八章 基督教在中国

见的现象。他还得避免诉讼。他们不再出现在祖宗祠堂的节日当中，也不再出现在祖先坟墓前的仪式上。他跟自己的家族完全脱离了，还因此招致迫害。所以，信徒被人们孤立起来，有优点也有缺陷。他们与世隔绝，被人抛弃，因此成立了一个单独的团体，一个清教徒的团体。总有一天，他们会成为中国道德重建的可贵核心。

现在基督教只是被人们宽容地接受了，但是因此认为基督教某天会成为中国被认可的宗教，甚或成为官方宗教，仍是一个过于乐观的梦想。毫无疑问，公众的认可将会鼓励不少大好青年皈依基督教，但是他们仍然害怕皈依基督教会阻碍他们的仕途发展。而一些聪明的传教士认为，逆境和迫害对新生的教会来说，是一种紧张的氛围；要想让基督教融入中国人的世俗观念、狡猾精明当中，绝非易事。

事实上，各地区或省份都涌现了大批皈依基督教

春节，家家户户在外门上贴"门神"像，所谓"大鬼小鬼进不来"，保佑阖家岁岁平安。门首上的红布宫灯增加了节日的喜庆气氛。

的人，但是他们都是出于世俗的动机，所以，传教士的这种观点更是加深了。一次次皈依教会的"民众运动"如汹涌的浪潮，增加了传教士们渴望在短期内对中国人进行根本性转变的希望。但是最终他们会发现，这些人不过是希望在诉讼中获得传教士的支持，或者赢得中国官员的某些特许，抑或在有麻烦时求得领事的保护。江西某地区，1901年至1902年期间，一位积极热情的传教士聚集了2万名信徒，以及数不清的自发聚集的群众。但是不久前，这些皈依者跟罗马天主教的敌人清算旧账，于是派出了新传教士审查这些皈依者，经过一年的教会训练，只剩下100名忠实的信徒。100年之内，在传教方面，这些泡沫现象严重的地区是不可能取得什么进展的。这种现象屡屡发生，结果有经验的传教士对民众运动和雨后春笋般的信徒发展运动变得漠然起来。他们也越发相信，精神上的基督教只能靠发展个人慢慢发展起来，靠吸引大众而迅速发展基督教是不可能实现的。

中国的贵族和文人往往蔑视西方传过来的新宗教。他们认为西方人是狡猾而可怕的野蛮人，他们就像米西奈斯注意德鲁伊教的高卢传教士一样，非常留意西方传教士。但是最近，他们的自高自大受到了巨

大冲击,他们也越来越希望听听外国人说些什么了。一些传教士说,他们的听众越来越多地来自于知识分子阶层。这些人向布道者提出一些尖锐的问题,充分说明了他们的聪慧和敏锐。

尽管上层社会信教的人很少,但是传教士吸收了不少中下阶层中的杰出人物。大多本土基督教圣会中都是普通百姓,但是他们的面相大多为达官贵人相。在福建参加农村礼拜的一个小盛会中有20个农民,我发现4位面善者,还有一个农民应该坐着让达·芬奇画"圣约翰"的画像。这个小教堂由12个农民自己出资建成,教堂的一梁一木都是他们亲自到3英里外的海边用双肩挑回来的。对此,我并不觉惊奇。

西方的现代妇女运动并不是传教士引发的,在中国,基督教在提高女性地位上起到了强有力的作用。当前中国女性的迫切需要并不在于工业和社会机遇的增加,而在于提高作为女儿和妻子的地位。由于父母的地位尊贵,对于她的孩子和女婿而言,母亲的地位根本就没什么好渴望的。

传教士并未宣称"女权",也不坚持两性地位的完全平等。但是女性信徒在阅读新约全书时,清楚地

白鹿寺的僧徒

明白了自己的尊严,并且开始意识到她们有权要求得到人们的尊敬。《圣经》给了她们勇气,让她们成为圣女、老师和医生。同样的,男性也开始意识到以一种新的眼光去看待自己的妻子,并且意识到自己应该爱她、尊重她。他不再以高压迫害妻子,而是在某些事情——如管理家务或指挥仆人上给予妻子完全的权利。一位先生说,他从前只是把妻子当作玩偶,但是自从皈依基督教以后,他开始爱她,跟她商量事情,而且令他惊奇的是,妻子的判断往往比他自己的更为准确合理。当他坦陈自己"爱"妻子的时候,他不禁脸红了,因为中国人从来不谈论这种感情。事实是,基督教徒往往是个好丈夫,不信教的父母也更愿意选择基督教徒做自己的女婿。

因为女性结婚早,而且并不供奉父母的老年,所

第八章 基督教在中国

以普通人对女儿并不看重。中国绅士告诉我说，大约有1/10的女婴被父母杀死了。听说有个女人淹死了8个女儿。还有个女人一见到她的丈夫，就会变成一个胡言乱语的疯子，因为她的丈夫卖了她的3个女儿。现在，针对这种情况，基督教推行了一些新式的、强有力的教育。他们鼓励皈依者重视并教育自己的女儿，而不是把她视作一种负担。皈依者至少要给予女儿最基本的教育，以便能读懂《圣经》。等她到了适婚年龄，她会发现自己比其他未接受过教育的女性优秀得多。当然，不会有人依西方传统来向她求婚，但是她可以查询求婚者的情况，而且她对求婚者的性情和成就应该完全了解。她甚至可以拒绝求婚者，而不会被人们骂作"不孝"。在普通中国百姓中间，婚姻协商是本着非常实际的原则进行的，金钱是

这位牧师的表情展示了中国的希望

虔诚的基督教

人们嫁女的主要考虑因素；但是信仰基督教的父母则认为，让女儿获得幸福是他们的责任和第一考虑因素。

男性皈依者坚持丈夫应该处于领导地位，并用圣保罗的教义来支持这种观点；他们不愿承认女执事和

广州的寺庙

男执事的地位是完全平等的。但是在教堂里女性地位的提高，越来越反映了英美两国流行的男女平等的现代观点，而不是圣保罗那种男高于女的权威断言。

中国南部一些古老的教堂建筑，为了尊重中国人

第八章 基督教在中国

的礼仪观念,设计了一个五脚屏风,以便把男女分开来,但是现在这些屏风被撤走了。从前,上流社会的家庭是不会让自己尚未结婚的女儿进教堂的,但是现在,你会经常看到一些少女坐在教堂的长凳上,双眼优雅地下垂着,平滑光泽的棕色长发束在发网里,落在肩上,看上去非常甜美。10年前,妇女不能参加宗教活动,但是现在她们却能自由地畅谈、祈祷。今天中国最成功的领导宗教复兴运动的就是这些年轻女性。

一些嘲笑者固执地认为,传教的工作就是生产皈依者,就像工厂的存在就是要生产鞋子一样。用每年新增加的领圣餐者去除每年的总费用,就能得出让一

岩壁上的神位

个中国人皈依基督教的成本。现在,让我们假设皈依就是重铸货币,只是改变一下硬币的外形和题字,并不改变其金属,这样难免会招致人们的嘲笑:"花这么多钱让佛教徒变成基督教徒,值得吗?"

目前的事实情况是,迄今为止,传教士工作的成就理所当然地不可能跟他们自己想象的一样。他们掘井,绞动轳辘,但是引上来的水却没有沿着他们挖掘的沟渠流向田间。这些水往往在流淌过程中就消失了,或者当这些水重新出现在远处的废水沟中,已经不能再用了。年轻人离开教会学校时虽然不信教,但是心中满怀着基督教理想、那又有什么关系?如果与管理良好、有效的教会学校竞争,政府学校也取得了令人鼓舞的结果,那又有什么关系?要不是传教士要求争取女性受教育的权利,并为如何教育女性做出了示范,政府创办的女性学校又会是什么样的呢?当地的慈善事业纷纷效仿教会,表示出对盲人、精神病患者和麻风病人的关心,那又怎样?要不是传教士的翻译,西方的启示和教学书籍难以为中国人所接受,其影响也令人难以感觉到,那又会怎样?中国人也知道并不关心"耶稣宗教",但是他们对吸食鸦片、缠足、小妾、奴隶、勒索、拷打和女性的从属地位等各方面

第八章 基督教在中国

的态度都有所转变,显示了流行的大众舆论主要是依靠传教士工作引导的。

换句话说,将如此多的非基督徒不断地引入我们的宗教模型中来,这并不是主要成就。在此之上,争取到的新皈依者,是一种善行的转变,对大量并不信教的人进行知识和道德上的转变。接下来,在个人的转变之上争取社会和政府的转变——善待奴隶、囚犯、孤儿、妻子和平民。尽管不能肯定基督教传教士的作用有多大,但是他们的作用确实是巨大的。最后,社会的转变将导致中华文明的转变。传教士们播

占卜铺通过测字预测机遇

| 山下的庙宇

种、植树、浇水,但是并不将果实揽入自己囊中。

现阶段,传教士们认为自己是《福音书》的布道者,而不是西方精神文明的使徒。在《福音书》中他并不能感觉到20世纪的光景,从而决定什么是"圣经的"。我问一位女传道者:"你是根据什么认为缠足是'非基督教的'呢?"她回答说:"因为缠足摧残了上帝给予我们的肉体。"我想起了唱诗班那无形的禁欲者、苦修者以及自虐者,他们认为这样是对命令的服从。"若是右手叫你跌倒,就砍下来丢掉。"我不知道他们对这个原因有何话说。

传教士还引进了当代西方的一些习惯。他们教学生经常洗澡、不随地吐痰、使用手帕、保持衣服整洁、打扫个人房间、养成诚实的好习惯等。他们教会人们整理屋子和院子、粉刷屋墙、冲洗教室或教堂的

第八章 基督教在中国

地板。他们还要求中国人对动物仁慈、抚养残疾儿童、教育女儿、尊敬妻子等等。

不知不觉间,传教士隐藏了《圣经》当中深受基督教徒良心欢迎的东西,而变成了西方国家和时代的声音。美国传教士创办的女子学校就反映了美国人要求男女平等的观念。工业学校则灌输了美国人尊敬体力劳动的思想,那些把指甲留得很长来表明自己不从事体力劳动的人是可耻的。教会大学中传授的政府观点,会让那些使爱尔兰人、撒克逊人成为基督教徒的传教士大吃一惊。这些大学重视反映现代精神的自然科学和科学方法,会让圣卜尼法斯或者圣弗朗西

正在合拢的堤坝

斯·沙勿略心生反感。

5. 误解

最初,所有通商口岸的外国人对传教士的顽固敌意多得不可胜数。一个聪明人怎么能同意宣传这样一种残忍的谎言、这样明显的诳言呢?因为你会听人说传教士投机土地买卖和"片面"获惠的贸易,这样他们能够过得比国内更舒适更安逸。他们还会说传教士的工作有多失败,皈依者都是骗子,信仰基督教的中国人比不信仰基督教的中国人更狡猾更不可靠。确实,一个认识不到 20 个单词的地方商人,靠着他那洋泾浜英语和买办,跟中国人的接触也仅限于自己的仆人和极少数的中国商人,当然会指责传教士"不理解中国人";传教士用汉语自由地跟中国人打招呼,穿梭在家家户户之间,消除他们的戒备,帮他们解决私人问题。

英国人非常痛恨传教士公然反对印度对中国的鸦片贸易。所以在商界,流传着这么一种说法,传教士给中国提供的机会和激励必然会加强中国的力量,使中国成为西方人的竞争对手,并使西方人的发财计划

第八章 基督教在中国

陷入困境。然而,这种评论的怨恨来自于世俗与理想不休止的长期争斗。由于摆脱了国内种种限制,许多商人、船主和海关官员在中国的通商口岸放纵自己尽情享乐,这引起了传教士的回避和无声的否定。感官至上主义者过着糜烂的生活,喝酒赌博、沉湎声色,而传教士过着俭朴的家庭生活,这无疑是一种无声的责备,所以感官至上者经常恶言毁谤传教士。我听说一个放荡不羁的浪子,理想的假期就是在日本古野纵酒狂欢。他责骂长江下游的一些传教士,说他们同家人在牯岭、莫干山等避暑胜地度过炎热的夏天。但是传教士经常因过度工作而累垮了身体,此人却视若不见。

手持小锣,走街串巷的盲人占卜者。

华西有个反对传教士的英国领事向我抱怨四川令人难以忍受的气候。他说:"真是可耻,政府或公司竟然让一个白种人在这儿呆了3年以上。"

"传教士呢?"我问道,"据我所知,他们一生都在这儿度过,炎暑之时也不过是到5英里外的小山上避避暑。"

他沉思着答道:"呃,这个气候好像对他们来说不算什么。你看看,他们对工作多么热心啊。"

但是对传教士也有公正的批评。某中国基督教徒在美国受教育,并有一个颇为重要的官衔。他对我说,八国联军占领北京之时,当地的中国人无不处于恐怖之下,某些贪婪的传教士强迫中国人卖掉他们的地产,这样教会聚集了大量的不动产。他们会对房主说:"我们觉得你的房产非常适合我们传教,你愿意以50美元卖给我们吗?"胆小的房主不敢拒绝他们的要求。这样传教士付给房主50美元,并通报他们在5天之内必须搬家。这样,传教士就以一个低得可笑的价格买下了大片的建筑群。

各司其职的罗汉

第八章 基督教在中国

此外,有时传教士过于随意地插手基督教徒和非基督教徒之间的诉讼案。信徒希望能获得教会的帮助,因为他把教会视作跟他利益攸关的团体,无论何时都会站在教徒一边。罗马天主教总是强烈地保护自己的信徒,因此跟清教徒卷入了类似政治争斗的争取信徒的竞争当中。当然在各种情况下,传教士都认为自己做的是正确的,但是他们也经常为一些片面的花言巧语所蒙蔽。由于有条约保护中国的皈依者免受迫害,传教士的干涉背后往往是以领事和炮舰为后台的,这样受恐吓的中国官员难免会做出偏袒的决定。这些错误不仅激发了人们要求公正的情绪,而且吸引了一些想要寻求教会保护而不是真正信教的皈依者。义和团运动之后,新教放弃了干涉诉讼的政策,结果导致入教人数的大量减少。

如何赔偿遭暴徒损毁的教会财产,这个问题将使得召集圣徒复杂化。一方面,居心不良的官员害怕赔偿损失,拒绝给予任何保护,而任由暴徒随意损毁财产。另一方面,在去年的长沙暴乱中,教会财产受到冲击,因为暴民只是希望让可恶的政府多赔偿一些损失。中国内地教会有1000名传教士,他们坚定地拒绝了要求赔偿的权利,因为他们认为为此赔偿的不是

那些有罪的暴民,而是一些无辜的群众。这种放弃要求赔偿权的事例给中国人民留下了深刻的印象,也因此大大推动了教会工作的发展。结果证明这种政策是明智的。而且毫无疑问,其他教会为了避免不公平的比较,也会实行放弃赔偿权的政策。

在这个领域中,很少有人研究中国人早期的皈依情况。有人认识到中国人民的民族精神是多么的强韧而巨大,他们希望几个世纪以后,基督精神能在黄种人中普及起来,就像现在在白种人之中普及的情况一样。这些人牢记着:"佛教在获得官方认可之前经历了300年,而它开始对普通百姓产生影响所经历的时间则更长。"

尽管如此,传教士不会对前景失去信心。因为他们意识到,基督教的强烈的竞争性,加上人民群众之间教育的普及,必将迫使中国人为了生存而不断改变自己的信仰,从而不断提高中国人的宗教水平。在中国,基督教的理想和标准不可避免地传开并深入人们的宗教生活当中。如果最后他们有能力跟入侵者对抗,这也是他们大量学习借鉴入侵者各方面的结果。

中国的佛教似乎太过古远,已经无法再度复苏了。由于中国的佛教因大众迷信和神像崇拜而变质,

春节时在家中祭神,祭祖的供桌上,摆着丰盛的食品。

即使是日本派往中国的佛教徒使者也感受不到生命的空气。孔教也差不多如此。孔教是中国爱国志士和保守阶层富有号召力的聚集点,他们往往以孔教为骄傲,而拒绝接受国外传入的宗教,而且数千年来,孔教都是抵抗外来文化的中心。不过已有文人开始怀疑经典文学中的高尚思想观点,他们不知不觉中吸收了基督文学的观念。而且已经有一种自称为"孔教—基督教"的运动兴起了。

早期传教士对孔教的怀疑,已经变成对其思想的热忱欣赏了。孔教提供了由三纲五常主导的完美人生的范例,而耶稣则提供了由仁爱主导的完美人生的范例。对大多数人来说,《福音书》比《论语》包含了更多的伦理感化。但是对官吏、法官和公务人员来说,孔教文学充满了高尚的道德思想。

作为道德力量，孔教与基督教竞争的弱势就在于孔教缺乏制裁。尽管孔教提出了很高的理想，但是它并没有什么要人们必须去做的威慑力。除非它能提出对神的责任，否则就不能阻止人们从欲望和激情中寻找扭曲的生活。然而这种发展是很困难的，因为孔夫子说到正义之时经常说的就是"天"。孔教在同阻止无耻道德行为的宗教竞争时，要求人们默默忍耐以获得超越。当有人问到这个问题的时候，他会搪塞道："未知生，焉知死？"死后的学说往往更容易阐述作为经典的教义。这样，新孔教就能同基督教做长期的竞争；因为作为一个本国土生土长的文化，对保守的本能来说有很强的吸引力，现在必须为全盘西化感到羞耻。

古老的中国给了我们无尽的想象空间。在中国旅行的外国人意识到传教士可能面临着的形势，与当初在古罗马帝国传教士的形势相同：寺庙、神、神像、塔、牧师、缉私、迷信、陈腐的神话、祖宗崇拜和只吸引名流的道德观念。在公民道德方面，古罗马帝国比中华帝国更高一筹，但是中国的家庭道德观念却高于罗马帝国。文化水平上的差异并不大，尽管最初基督教在罗马帝国传播的对象仅限于小部分商人、艺术

第八章 基督教在中国

家庭中礼拜父母

家和被解放的奴隶,但最终还是传播开来了。既然如此,它为什么不能在中国传播开来呢?

在中国人对自由文化的劣势非常敏感之时,基督教以一种显赫的声势出现在中国人面前。它有精挑细选的、训练有素的传教士传播。他们的性格和学识都跟任何将信仰洒满人间的十二使徒相当。而且,基督教有让人印象深刻的古老而众多的信徒。

毫无疑问的,没有什么哲学、历史或生存环境因

素能将中国跟世界思想发展潮流分裂开来。中国人的命运就是白种人的命运；也就是说，中国在推动整个世界文化的发展方面也将做出自己的贡献。因此我们有理由相信，最终，不管基督教在西方发生什么变化，也会同样的在中国发生这样的变化。如果由于自然科学的发展或对《圣经》的更多批评，使得基督教的哲学基础或历史基础被粉碎，在西方站不住脚，那它在中国也不会有所发展。中国有影响有学识的阶层太过骄傲，所以是不允许自己国家的人民接受别国已经抛弃不用的东西的。另一方面，如果基督教仍然在西方占统治地位，那么毫无疑问，它也终将在中国取得完全的胜利。

XI BU DI QU

第九章
西部地区

奔流的江水与停靠的船只

1910年初夏,我和美国驻厦门的领事爱罗德先生,从山西太原府起程至西南地区的四川成都,行程1200英里。这次旅行让我有幸目睹了白人很少到过和描述过的中国西部地区。从成都沿岷江和长江到重庆,又从重庆坐轮船沿长江到宜昌,穿越了著名的长江三峡和激流湍涌的长江。因为这段路程经常有人描写,而且描写得非常出色,所以在我的游记当中便省略了这段笔墨。

1. 山西的乡下和城市

将近3个世纪,征服了中国的鞑靼人把明朝遗留下来的大道和运河都毁坏得不成样子了。因此,在山西境内,连接北京和遥远的内陆省份的公路动脉大多是一些低矮的道路。你会吃惊地发现,人头和肩膀神

第九章　西部地区

秘地从麦田穿过。走近一看，才发现原来是一个农民驾着马车从低陷的公路上走过！你会经常发现自己走在田地水平线下几英尺的马路上，根本就看不到田间景色。大雨过后，马路就变成了一条沟渠，有时还会变成滔滔急流。根本看不出这条马路是由人工修筑的。实际上，自1780年这条马路修建完成之后，一直没人再给它修养过，直到1900年慈禧太后从这条路上逃走，方才修葺了这条道路。马路上压出来的车辙也没人去填平，一切都维持着自然原样。马路随处蜿蜒，某条道路被阻塞无法通过时，总有另外一条道路及时出现。经过黄土地时，由于马蹄和车轮扬起了大量尘土，道路便越陷越深，沿路走下去，你甚至会经过一座地基高于人头7英尺的古老门楼。

贩运货物往来于塞内外的骆驼商队，正在进入长城南口。

接连3个星期,我们都在一片正方形的平顶建筑楼群的地区穿行。这些建筑群就是烽火台,而且每隔3英里就有一座烽火台,每当有敌军入侵或叛乱发生,烽火台便会一个接一个地燃起烽火,以通知在京城的天子。现在这条信号线路跨过高山,而健壮的年轻人正在破坏这些被遗弃的古建筑的一砖一石。公路也成为露天的"名人纪念馆",因为沿路上都是一排排祭奠先人的纪念碑。沿路走下去,每隔一英里,旅客看到纪念碑上的文字,就会想起他的同乡人的美德和获得的荣誉。很少有哪个民族像中国这样不需要警察和士兵来维护和平的,这些碑文表明了中国人是怎样修身养性的。

京汉铁路上有一条法国人修造的铁路分支往西去,半天时间可到太原府。从太原往南200英里的地方,就会看到无数的农产品通过这条铁路销往北京和天津。无数辆骡车装载着面粉、盐、烟草、豆油、马什、纸张、槐木、甘草根、羊毛、兽皮和棉毛,日夜奔忙。而且,山西有着丰富的矿产资源,在德国的维斯特法利亚、比利时和美国的宾夕法尼亚的煤矿资源开采完以后,这里将成为一个新的工业能源中心。一次,我从马路上向山下500英尺的地方看去,明显发

第九章　西部地区

现峡谷的一边有一个被石灰层分开的七层的煤层。各地的村民都聚集于此，在山侧的另一边打洞，爬进去把煤搬运出来。在煤矿附近，质量优良的煤每吨只卖75美分。而100英里以外，同样的煤卖到了7倍的价格，相当于每吨每英里运煤成本为4.5美分。如果有一条铁路通往这个山谷，运输成本会降低到0.45美分，而且每吨小麦面粉25美分的价格也将降低到0.5美分。

大路上来往的马车

太原府的新生活充满了活力，电灯、碎石小路、整齐干净的十字街道、带有小湖的公园、音乐厅、博物馆、林荫道和广场、火柴厂、军校、警察军队、一周两期的改革报，都如雨后春笋般出现了。但是往南走两天，这些地方就毫无外国影响的痕迹了。除了一些由摧残文化艺术的人画的巨幅香烟海报以外，你就像置身于中世纪的城市当中。装满菜籽油的铁盏里面

重50磅的铜钱（相当3.15美元）

放着一捻棉花，这就是夜间唯一的照明工具了。格子窗户上糊着薄薄的一层纸。银币在这里并不流通，人们只是携带大块的金属，商人仅凭自己的判断接收。要把这些金属都兑换成硬币，就需要找遍所有的货币兑换家，然后跟最通行的钱商进行交易。中国流行的钱是用绳子穿起来的铜钱，一吊铜钱有200文，10吊铜钱相当于1美元，重约15至20磅。如果我们根据美国人的惯例，给苦力43美分小费，他们会觉得这个小费过于昂贵了，肯定是"不义之财"。结果第二天，他们甚至不愿再运送我们。

在像太谷和平遥这样的城市里，跟在太原一样，也有一些山西银行家从事中国的主要银行业务，并从中赢取高额利润。他们有精美的住宅，无数的庭院、精致的大门、公园、荷花池、石桥、避暑别墅、祠堂，还有马房、花园和果园，占地二三十亩，并由装了飞檐雉堞和塔楼的高墙围起来，证明了主人曾经的繁荣。直到最

第九章 西部地区

近,由于吸食鸦片和懒惰成性,贫穷的人越来越多。曾经富裕的人现在也没落了,为了卖几块砖,豪宅也被拆了。但是随着鸦片的消失,潮流再度复兴了。据说赌博在商人阶层呈扩张趋势。山西某些成功银行家的儿子们,整天纵情于声色,沉湎于戏院,赋诗作画。结果他们父辈积累起来的事业从他们这一代人开始衰败了。没有什么能够激励起他们的雄心壮志,他们也觉得没什么原因不该及时享乐的。他们没有进行体育锻炼的热情,也没有保持身体健康的观念。

挑夫

山西的农村一片荒凉的景色,跟贝都因人的营地一样。从来没有过牧场、草地、干草堆、谷仓或风车。没有粉刷干净的房子、没有庭院、谷仓空场或牧草的牲畜,没有树篱或栅栏。空旷的田野间,到处是一些用泥墙围起来的正方形的小村庄。在祖传的土地

上也没有公墓、墓群、石板和墓碑。只有砖瓦盖的房子，用瓦或茅草做屋顶、用砖砌起来的住宅，大一点的还有一个院子。只有白色的教堂、红色的校舍、寺庙、宝塔和牌楼；只有指路标、破烂的信号塔和拱形的大门。

关于中国有趣而奇异的事情举不胜举。这个地方是一个用骆驼的地方。但是由于骡子没有骆驼的耐力，所以商队白天在骆驼旅店休息，晚上才上路。我们在路上遇到几个穿着红色袈裟的光头和尚，他们正要去五台山朝拜。这些人来自四川，已经在路上跋涉两个月了。文西城里，屋舍里的织布机响个不停，街上晾着一条条粗制的蓝棉布。这些布都是很有中国特色的，把整个小镇装点得非常鲜艳明快。在运城，我们意外地看到人们脸上洋溢着美丽的红润脸色，连续4天，我们都被这些如同希腊人的优雅脸庞迷住了。从陕西合州直到西安府，人们脸上突然没有这种气色了，取而代之的是十足的蒙古人脸色。

由于农村没有警察，所以一到晚上，灌溉农田的人就得把自己的绳子、篮子和绞车带回家。同样的，田间到处都是看守庄稼的人扎的帐篷。这种帐篷是用一排排高粱或玉米秆靠在一起，再涂上泥搭成的，

第九章 西部地区

看起来就像一个个 A 字形帐篷。收割季节来临的时候，看守庄稼的人就蹲在帐篷里，望着他的庄稼以免被人偷走。这些对农民的时间和睡眠来说都是沉重的负担。

汾河下游的河谷，变成浩瀚无垠的黄色麦田，收割季节也就到了。农民给花园浇了最后一次水，打谷场弄平整干净了，镰刀磨锋利了，学校也放假了。天刚破晓，全家人就从村子赶到农田；婴儿并排坐在手推车或马车上，车上还堆满了水壶和罐子；女人则坐在马车上，解开被裹着的小脚；男孩子赤条精光地跟着大步走；父亲则手执鞭子，赶着拉工具的暗褐色的公牛或灰色的毛驴。干活的时候，他们头戴草帽，挥舞着镰刀收割庄稼。他们捆麦草的速度很慢，用我能捆五捆的速度仔细地捆上一捆麦草。他们中午会顶着烈日美美地睡上一觉。在凉爽的夜晚来临的时候，他们把成捆的麦草堆在马车上，插上耙子运回家。这种耙子是用洋槐树做成的。经过修剪后，一个树节上有三个分叉。可怜的寡妇和光着身子的孤儿只能到处拾穗，跟在回家的马车后面捡一些掉下来的麦穗。

同经典的古代文物一样，丰收也具有一种单纯、

缓缓行进的挑担人

田园诗般的特色；如果中国女性如同荷马史诗时代的女性一样自由的话，丰收便跟古希腊的生活一般迷人了。然而，根据习俗，已婚少女是不能参加到这个令人振奋的丰收活动中来的；她们必须在低矮房屋的小闺房里呆着，而年轻小伙子在丰收地里愉快地歌唱着。

小麦在打谷场上晒着，到中午的时候，小麦被太阳烤得很脆了。这时，农民就可以用连枷打谷，或者用骡子套上石磨碾谷子。然后农民把麦秆放到一边，把金黄色的麦粒和谷壳扫成一堆，别具一格的簸谷就开始了。这样谷糠能够完全地分开。人们经常在马路上打谷，这样就可以不用建太多打谷场了。我就见过一个大城市中，一条16英尺宽的主道上面，有一半被晒上

了干麦子。交通因此受到阻塞，但是没有人对这种侵占马路的行为提出抗议。

2. 陕西的树林不见了

中国西北滥伐森林现象严重，引起了巨大的灾难，恐怕没有哪个国家能与之相比。在太原府附近，曾经草木葱葱的高山，已经变得寸草不生、异常干燥了。往南走去，除寺庙周围还有些树以外，山上和山脚下连一棵树也找不到。曾有的阔叶树早就被砍光了，只是在山谷有些人种的一些软质木材——白杨、木棉、椴木、接骨木和柳树。

一旦树木覆盖的表层消失，大雨就会把山坡上的土壤都冲走，填满河道、阻塞山谷。流出山谷的小河和小溪都汇聚到汾河里，冲积形成了汾河河谷。经年累月的冲击，在汾河河谷上形成了一个巨大的扇状冲击地带和弯弯曲曲的下游河床。在三角洲上，蜿蜒着一条浅浅的沙砾河床。这条河床本来是在高堤下低于当前水平线18到24英尺的地方徘徊的。这个扇状冲击地带被沙石和沙砾所覆盖，面积达几十英亩到数平方英里。这里曾经是富饶的土地，现在却再也不可能

官绅的屋宇

恢复原状了。

建筑物镶嵌在山腰的碎石当中;原先可以让人骑着骆驼走过的山门,现在被风沙阻塞,只能用手和膝盖爬行才能穿过了。我们曾有两次见到过的横跨汾河的大石桥,现在这些石桥雄伟的大拱有一半被淤泥阻塞住了,横架在一片大豆地和油菜地当中,已经毫无用处了,成了对过去繁华的悲伤纪念。大桥修成后,从林木被砍伐掉的山上冲下来20英尺的土壤,这些土壤阻塞了河道;而山间的小溪没有了树木的保护,

第九章　西部地区

中午的街景

在夏天时是涓涓细流或在地下暗流,一到雨季,却变成了咆哮的山洪。

人们为了生存而砍伐森林。但是从此没了苔藓和腐殖质的过滤,小溪不再清澈,而是带着秃山上的泥土浑浊地流着;溪流中不再有鱼儿跳跃,在其中洗澡也不再是一种享受。在陕西12天的旅行,我从未见过一个小孩在河水中嬉闹玩耍。泉水干涸,晚夏的草地再也得不到树木繁茂的山间渗出来的溪水的滋润了;阳光下,泥泞的溪水在宽广的浅滩上蜿蜒流淌,

274
19-20：

渭河河谷一瞥

拉车的小牛

第九章 西部地区

而不再像往昔那样,在林荫遮蔽的河岸下的深沟中暗流涌动,好一幅凄惨的景象。再也没有倒下来的大树或圆木阻挡溪流的前行,给8月的鲑鱼提供一个隐蔽的池塘。也没有能够吸引恋人的林荫小路或长满苔藓的圆木——其实中国人并不相信爱情,也没有成双成对的恋人。很多人活了一辈子,都没见过树木环绕的林中空地、10月树叶的金黄,也不知道童年还可以享受采拾坚果、掏鸟窝和追逐松鼠的快乐。

四川北部路旁的古柏

树根、细枝、干草、麦秆和干粪都成了燃料。砖和泥是唯一的建筑材料。砖凳砖桌取代了木制家具;砖砌的门廊取代了木制的走廊;公路上泛着耀眼的白光,灼热,尘土飞扬,只有茶馆旁孤单的洋槐树有一丝阴凉。所以,随着树木被砍伐殆尽,很多美的源泉、诗情画意和灵感激情也都跟着干涸。生活堕落得枯燥无味,人们周而复始地为食物而奔波。

3. 传教士的生活

西方事物在中国影响最大的莫过于《圣经》、煤油和香烟了。很高兴的是,在灯光、取暖和香烟当中,《福音书》的先知之光最先传入农村。内陆省份的人们对西方人的印象是——他们是来传教布道的,而不是来赚中国人的钱的。他们以为所有的外国人都是传教士,经常以"平安"来祝福我们,这是他们习惯上跟传教士打招呼的方式。内陆省份的传教士也往往按中国人的风格穿戴,以更接近中国人的习惯。他们并不觉得这有多困难,但是,与实际的中国服饰相比,脱下西式大衣

族长与古柳

第九章 西部地区

跟你在中国发现的其他东西一样愚蠢。有的人甚至留起了辫子,如果你看到某个苏格兰人梳着垂到背上、赤褐色的油亮亮的辫子时,那可真是令人难忘的啊。

传教士在中国的生活可不是大吃大喝。我见过一个年轻人,他的心上人在他俩即将举行婚礼前的一个月死于伤寒,但是他的脸上仍然带有圣洁的光辉。无论是这次打击,还是一年以来默默忍受的腹泻,他都一直坚持在中国过着艰苦的生活。每当跟他那些谦逊的皈依者坐在一起的时候,他的面部表情总是那么平静安宁、精神振奋。

传教士的生活告别了亲人、祖国、音乐、艺术、娱乐和朋友,只能在家里布置一些充满回忆和象征祖国的摆设。传教士的家就好比在肮脏丑陋的撒哈拉沙漠中的一片绿洲。生活在这样一个痛苦的环境中,传教士们只能依靠精神生活。如果他们贪婪地阅读祷告经文,不停地唱赞美诗,在墙上悬挂励志的格言,这并不是因为不健康的过度虔诚,而是希望从沉闷压抑的环境中寻求一丝安慰,而这种沉闷的环境在当时时代下是不可能有所转变的。

某次,我们遇见了一个路人,他的脸上有着异乎

寻常的圣洁。他放下身上的包袱,向我们表达了诚挚的问候。领事跟他攀谈起来,等这个人走后,我问领事:"这人是谁啊?我从未见过哪个中国人的脸色有这么圣洁的。"领事告诉我,此人是当地教堂的牧师。这些中国人从跟他们志趣相投的西方同胞那里得到了灵魂的升华。这种幸福和鼓舞的感觉,我实在难以用笔墨形容出来。

有人抱怨说在中国的传教士生活得过于优越了,但是我却听说中国内地的传教士的生活费太少了——有时甚至不到100美元每年。如果实地调查一下,你就会深刻体会到传教的滋味。在山西华州,一美分可以买9个鸡蛋,一只鸽子,5美分可以买一只公鸡,3

| 山坡坟场

第九章 西部地区

美分可以买一对雉,3 或 4 美元可以买一吨无骨羊肉。每周只要花上 60 美分,传教士夫人就能把市场上最好的东西买回家,餐桌上就能摆满美食。

顺便说一下,这些传教士夫人是英国人,其中一位还是英勇的英国将军的亲戚。她们管理着一所自助学校,有 100 多个女生,没有一个男性白人,她们都是靠自己的双手生活。这些传教士夫人中还有一个是义和团运动中的幸存者。她亲眼看见自己的学生被拉出去,惨遭凌辱和杀害;她的学校也被一把大火给烧光了。好几个星期,她被戴上枷锁,关在污秽的地牢里,义和团的刀好几次架在她脖子上。但是,她终于幸免于难,回到了原来的地方工作,而她对自己的英勇行为却丝毫不提。

陕南流水寺的瞭望塔。约建于公元前 200 年。

阻塞的河道

4. 西安府

骑着骡子走了两个星期,我们终于看见有 30 多万人口的、黄色的古城西安府——人称"西京"。在这座设有三道城门的城市里,人们的脸庞气质突然变得与别处不同,有的是一种精致的充满智慧的脸庞。希腊人那种纯洁的气质随处可见,漂亮的小孩也很常见。这些中国城市让人们意识到优秀分子都集中到大城市来了。各地的城镇机会对广阔农村的精英们来说,是一个很大的磁场。

14 世纪建造的、长达 12 英里的城墙依然保持完好,环绕着西安府。西安比其他任何城市,更能让人想起这个"黑头发民族"的早期历史,来自渭河河谷的西部人给现在中国的野蛮人带来了文明的火炬。这

第九章 西部地区

里确实是中华帝国的摇篮。自定都北京之前,西安府一直都是中国文化的焦点中心,任何城市都没有定都如此之久——西安作为首都一共历时23个世纪。从城垛望出去,在广阔的平原之上,有无数个坟冢。灰飞烟灭,所罗门王国之前的中国君主们就长眠于此。其中一个是秦始皇,他统治着亚历山大大帝之后的时代,为了切断过去的历史,焚书坑儒,遭人唾骂。

在中国没有收藏古物的博物馆,只有碑林和匾林,记录了自12世纪以来的1400多件历史事件。该收藏中最值得骄傲的收藏是781年铭刻的著名景教石雕,详尽地描述了列斯托里派的基督教历史。这个教派在繁荣了两个世纪以后,由于遭受迫害在1000年前消亡。原来十字架在流传于英国之前,就已经到达过中国了。但是

一家银行老板正在称银锭的重量

现在,英国的子孙后代却又重新把十字架带回中国,这是多么可笑的一件事啊!

在西安,有不少回教徒的清真寺。最近,富有侵略意识的新伊斯兰教经常派出一些来自君士坦丁堡的狂热分子,来到西安煽动人们对信仰的热爱。由于传言中国本地的佛教具有欧洲中世纪黑暗时代的味道,所以人们对当地佛教失去了兴趣。不久前,西安一座寺庙中,有一个恶和尚惹恼了其他和尚,经过一次严肃的秘密会议后,和尚们一致同意处决此人。他们把这个恶和尚投入火炉中活活烧死了。据传教士报道,很多知识分子阶层开始聆听传教大厅里的布道。而且听完布道以后,他们会向传教士提出一大堆尖锐的问题。一位首席传教士说:"我们一定要派出最强的传教士!我们需要能回答中国知识分子所提问题的传教士。"很自然,竞争激起了人们对古老信仰的新热忱。孔门弟子也组织起来了,派出了巡回传道者,在一些集市或人口聚集的地方,对人们宣讲孔圣人的教条。这些都是有价值的事情。无论他们在转变人们信仰方面取得了多大成就,传教士在将人们的思想转化成精神方面也取得了巨大成就。

西安府有一个火柴厂,还有6个卖外国商品的商

第九章 西部地区

店。在这里,中国人能买到一些国外商品,如成药、牙刷、化妆品、利口酒、香烟、炼乳、内衣、灯、钟、风景画、小折刀和体育用品。美国煤油卖到43美分每加仑。但是,在该省北部的宁夏省会银川,由于该地盛产石油,而且当地有个精炼厂可以提炼煤油,再用马车运送到200英里外的省城,也不过卖31美分。

西安一处保存完好的纪念碑

克伦威尔时期,满族的鞑靼人统治着整个中国,他们在主要省市里都布置了八旗军队。这些旗人在设防的要塞里享受特权,并由政府提供食物,世世代代过着同样单调的生活,并繁衍生息不止。在西安府,八旗子弟居住的地区是一片凄凉的景象:倾倒的城垣,腐烂的味道,好逸恶劳以及污秽肮脏。在一个大演习场地里,骑兵在跑道上驰骋,或者瞄着靶子射

清廷大员及其袭爵的儿子

箭,满清高级军事官员则在一旁检阅。尽管这些懒惰的八旗子弟在新军队里受到了严格的训练,但是事实证明,他们意志薄弱,没什么战斗力,他们在普普通通的20英里拉练中就会被累垮。他们靠世袭的年金中饱私囊,变得懒惰而堕落,体格虚弱,肌肉萎缩。逐渐走下坡路的八旗子弟家庭也暗示着这个王朝的灭亡。对此有一个更形象地比喻,就是:寄生主义导致衰落。

中国的希望在于新型国家军队。回教省份的陕西、甘肃,是中国重新招募新兵的主要地带。因为该省有大量西亚骁勇善战的勇士,他们比起中原纯粹的中国人来说,更加富有尚武精神。西安府有一所军事预备学校,正在兴建校舍,是中华帝国四个主要军事学校之一,并有200名学生。各所公立学校也都有日常军事训练。

第九章 西部地区

在感觉到西方列强的侵略魔爪日益逼近之下，中国的爱国志士把训练军队当作头号国家大事，以改变人们轻视入伍的看法，号召青年从军。爱国社团也聚集群众，吸引大量学者和其他优秀分子加入社团。学生鼓动人们成立志愿军的激情。某些地区，尤其是北京附近的省份，优秀分子的地位提高了，并且学会了把自己弄得很整洁优雅。他们对自己的制服非常骄傲，人们也学会了尊敬这些人。在旅行时，士兵不再聚集在敞篷车厢里，而是坐在三等车厢里。军官地位高于同级行政官员的地位。他们毕业于军校，而不再像从前那样是科举出身。皇亲国戚掌握着重要军职，并且经常穿制服。还是幼儿的皇帝登基，授予军队无上的权力，并宣布自己为总司令。

尽管如此，各省的情况却不尽如人意。制服和装备还没有完全统一，在使用中的来复枪竟然有15种不同型号。中央军事当局对各省的控制非常无力、缺乏效率。比如说，他们用一群外国人来训练士兵的射击准确度。但是不久由于皇帝驾崩，全国上下100天默哀，军事训练也因此停止了一段时间。接下来是新年，又因此休息了5个礼拜。在军营中，本应士气高昂，士兵们却表现出异常的无精打采。一个美军上尉

西安的警察

偶然在中国军官面前展示了自己的勃郎宁左轮手枪,中国军官们对此非常感兴趣,询问如何才能够买到这种手枪。这位上尉自告奋勇帮他们购买,并且为御林军的侍卫们订购了200支手枪。但是要将武器运进中国,必须得到政府的执照,所以这名上尉就让军官们保证能提供这个必不可少的护照。军官们都说:"放心吧,会给你的。"但是由于他并不恳求中国政府发放执照,以进口做自卫防御用的武器,左轮手枪也从未到过货。

到奉天府的整整4天路程当中,路上都是回甘肃老家收割麦子的人。拂晓,他们在路边挤得密密麻麻地睡觉,过不多久,他们就挤在路边的小吃摊吃早饭。走了3英里远的路程,我们的轿夫也在路边摊休

第九章 西部地区

息抽烟。在这种小吃摊上，一美分能买一大碗面汤或大麦粥，还有一大根油条或甜油炸饼。这样，苦力们辛辛苦苦挣来的钱还不至于花得太多。这些人都带有一杆烟枪和烟草带，背上还有一个轻巧的支架，挂着粗毛毡外套、睡毯、小锅、镰刀，还可能带有一些要卖给邻居的套管器皿。收割时节，几百名这种帮人收割庄稼的人就坐在村子的街头，等着别人来雇用他们。收割完以后，他们会马上赶四五百英里的路，回老家甘肃收割晚稻。

这些年轻笨拙、目不转睛、毛孔扩张、气味难闻、满嘴大蒜味的乡下人，可能在十字军时期的欧洲还能看到，但从那以后就看不到了。毫无疑问，正是这些目不识丁的农民，在后罗马帝国时代，城市中的人已经接受了新的思想，而他们还坚持着古老的宗教。于是有人就把村民说成是异教徒，把住在荒野之地的人说成是野蛮人，也就是不信基督教者。而当今，城市中这些受过良好教育的孔教门徒竟然被称为"野蛮人"，是多么大的讽刺啊！

由于起义和饥荒，陕西变得非常空旷，农民也不用辛勤劳作了。很少有杀女婴的现象发生了，但是如果有人要杀婴，鸦片丸还是唾手可得的。山西人也很少向外迁移，大都住在原地，粗鲁、保守而狭隘。我听说有位农妇宁可不要1000美元的酬金，也不愿给路人煮一壶开水。就好像美国的农妇拒绝接受5美元来做这种服务似的。

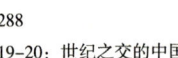

华南一山坡上的环形坟墓

在奉天府，我们和一条通往土耳其斯坦、伊塞克湖和"丝绸之路"的马路告别。这是一条通向兰州的马路。当地的黄河水流异常湍急，费力地划渡船，还没到达对岸，就已被水流冲到下游10英里的地方去

了。最近,当地政府官员请了一位美国工程师,想要在河上建一座构架桥。通桥以后,由于向来只知道石桥,从没见过钢桥,小心谨慎的蒙古马车夫会把货物卸在一旁,然后前往观察桥的结构,看看这座桥到底能不能经受得起一辆马车!

中国的城镇居民并不会跟农业断绝关系。由于城镇居民都出去收割麦子了,所以城市的贸易还一度停止了整整 3 个礼拜。该地有一个来自四川——中国西部的马萨诸塞州的长官。他建立了一个丝绸文化学校,引进了桑树,希望丝织业能够取代让人毁灭的鸦片。

5. 天府之国

从此处开始,我们不再乘坐马车,而是坐轿子,走了 12 天的山路。四川之名即因此得来,被人称作"西部要塞"。这里的景色曾经像提洛尔地区一样优美,但是大自然被人类所征服,任由人类最大限度地索取生存条件。几乎所有的大自然原生物——森林、灌木丛、草地、牧地、野生林木都在几个世纪前就消失了。一切都是实用主义至上。取而代之的是,一群

肮脏、破烂、沉迷在鸦片中的人民住在洞穴里,穿着粗糙、褪了色的蓝色外套,逼着他们的妻子缠足,让他们的孩子光着身子脏兮兮地到处乱跑!没有音乐、艺术、书籍、诗歌、信仰、精英社团,也没有可爱的小孩、迷人的女性或男性力量的光荣。没有讨论、没有政治,也没有参与整个世界的活动。生活水平极端低下,人们总是容易为小事情担忧,总是处在焦虑不安的状态。尽管他们勤奋、聪明、富有天分、深谋远虑、勤俭节约、无破坏性,但是,他们的生活仍然沉闷压抑。除非有新的激励因素和更高的理想,否则他们的生活将一成不变。他们将女性的作用局限在生儿育女之上,为此付出了沉重的代价。只要给予女性自由和机会,优雅的女性就能把魅力和惊奇带进生活之中。然而,中国人根本就不懂得这个道理。

中国人也没有正式的家庭聚餐。觉得饿的时候,只要拿一双筷子扒两口饭就是了。房子也很少装有窗户,就算有,也是很小的糊了一层油纸的格子窗户。有古训言:"家是女人的空间。"所以,女性就在这样一个终日难见阳光的暗屋里度过每一天。几乎看不到女人在外旅行,普通百姓家的女性很少踏出家门。只有在新官带着家眷走马上任之时,我们才可能见到

第九章 西部地区

两三个女人,不过她们也只是终日在蒙布的轿子里面呆着。

这个天府之国让他们如花的女性在地窖般的地方默默开放,从不让人看见她们的迷人之处。而我们美国人在这些优雅的妙龄女孩身上看到了她们的单纯,以及对生活价值的珍贵信念。我第一次意识到东方少女这种不为人知的特点,是在我回去的路上。当时,我在加拿大太平洋铁路线的火车站见到了一群女孩和年轻女性。她们举止非常自然单纯、无拘无束。她们的自由具有公园里小动物的魅力:小鹿在公园里大胆地跟你对视,胆小的鹌鹑也毫不害怕人群,自由地飞来飞去。

我们越往南走,迷信现象也就越严重。每座城门里面通常都有一个破破烂烂的小神庙。里面那些可怕的神像往往在手里抓着一个人头或眼球。路边也有很多神龛,里面供奉着一个古老的国王及王后的小神像,面容慈善地坐在神位上。路边悬崖某块突出的石头上也会有香烟缭绕,过路人会放下背包,点上一炷香,对着插着几根鸡毛的、烟火萦绕的石头深深地鞠躬叩首。我们遇见过一队送葬者,他们唱着奇怪的挽歌,肩上抬着棺材,上面还有一只到坟地祭祀用的公

19-20：世纪之交的中国

停在灵堂中待吉日下葬的棺材

鸡。沿着嘉陵江，你会在河水的转弯处看到一个方形石头柱子，柱子上面是一个男人的上半身像，就面对着转弯处。罗马人称之为守界神。为什么四川的守界神的头上有短短的卷发，以及罗马雕塑的风格呢？在同一条河上，我们经过一大片刻有人脸的石崖，人称千佛洞。佛教信徒在悬崖上打出了几百个壁龛，每个

第九章 西部地区

壁龛里都有一个神像或圣人像,通常有真人大小,甚至更大一点。

在大道的交叉口,有一道高墙,城门横跨大路,过路人一眼就能看到对面的大炮,仿佛一幅美丽的拱形图画。寺庙建在这种地方的顶部。我见过路面有一长排纪念碑,这些是那些参观过圣地的游客为表达自己的崇敬之情,留做纪念用的。我们经过此处的时候,有个来自巢湖的丝绸商跟我们同行。为了祈福,他在神像面前烧了一炷香。他的做法非常马虎草率,丝毫没有想过向神虔诚地祈祷。他的观点是:好人自有好报,哪怕只是烧一炷香,老天也会看在眼里。

尽管如此,和尚还是很保护树木的。在一个树木

四川嘉陵江畔的千佛洞

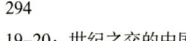

| 废弃的桥洞

被砍伐殆尽的山上,你可以一眼看到 15 英里以外的寺庙,因为寺庙周围肯定有参天大树围绕着。许多古老的树木因为生长在寺庙的圣地旁边,不会被人砍伐,从而得以存活下来。有两天,我们的路途上都能看到古柏苍天的山峰,这都多亏了山顶上有寺庙保护着树木。

由于这条"金牛之路"造价很是昂贵,这条道路和路上的东西都被人们忽视了。我们经常看到一段马

第九章 西部地区

路是陷下去的,被土埋着或者被水淹着,却无人修整。在40天的旅途中,我们从没见过哪段马路有被修整过的痕迹。身负重物的苦力就在这种道路上痛苦地行走。我们也见过一些修建得很好的桥梁,因为如果你出资修桥的话,你的名字将被刻在桥上,当地社会也会给你建造一个纪念碑以示感激。如果当地长官或某某慈善家修建了一条公路,这条公路就会以他的名字命名,叫做"某某公路",他会为此感到很高兴。但是保养公路的人却得不到任何荣誉,所以公路往往无人修整,任凭风吹雨打,最后变得破烂不堪。而与此同时,新的公路或新的桥梁又在修建了。中国需要的是在每个行政区设一个道路督察,由他组织长期维修道路和加固工作。让他成为道路专家,让公路成为他一生的事业和乐趣;而不是要一个想着加官进爵的官员,只是把养路当作升官的资本。

通常村子两头200米的地方,铺路的石子都没了。我后来才发现,原来是村子里的人把铺路石给挖走了,去修他们的猪圈或菜园围墙。就因为这种种破坏,每年都有10万辆马车在泥地中可怜地滑倒。然而还是没人修路;不管对公众利益有什么损害,个人利益是最重要的、最首位的。因为在中国人看来,个

19-20：世纪之交的中国

艰难行进的牛车

人利益区分很明显，每个人都对自己的利益非常清楚，而且也会给予同情；但是公众利益则不一样，它并不具体化，也就不会得到任何人的同情。如果我的邻居找了一个大戏班子夜里在房前敲锣打鼓地喧嚣，我是不会抗议的；因为这完全是他私人的事情。所有的邻居都被吵得无法睡觉，但他们会默默忍受，因为他们想着或许以后哪一天，自己也想在家门前开一场盛宴呢！

在我们的整个旅途中，人们的态度没什么好说的。只有一次，我们听到有人叫我们"外国鬼子"，

第九章 西部地区

而这也不过是一个顽童的淘气话。有个传教士在中国生活了7年，也只听到过一次这样的话。这些传教士的夫人独当一面，只身一人在农村任职传教工作，从未受过任何伤害或凌辱。她们跟每个轿夫在一起都觉得很安全。另一方面，做了坏事的人则被绑在可怕的"绞刑架"上，双手被绑，头被吊起来，双脚刚够触地，就这样在街上慢慢死去。如果你在街上看到有一队人押解着犯人，而犯人脚上拖着镣铐，坐在一个大木笼子里，那让人鲜血凝固的事情即将发生：这个犯人正在被押往行刑场的路上。他要面对的是刽子手的刀剑，或绞刑架，或遭千刀万剐的命运结局。

披枷戴锁的囚徒

群山延绵交错，一条大河从群山间穿过，流入距

汉口 1000 英里远的汉水上游。汉口似乎是社会变迁的先锋者。从汉口往北到北京，人们住在有城墙环绕的村庄里；往南走，人们则散落着居住在各自的家宅里。显然，用来防御的关隘让人们免受蒙古人的侵扰。而且这些人并不强迫妇女裹脚，也并没有把妇女跟社会隔离开来。到处可见有女孩子帮家里打谷，这样一个家庭会有 5 到 8 台连枷用来打谷。

中国南北的真正分界线在于稻米文化开始的地方。种植水稻的地方，水牛则成了主要的耕田动物。但是如果马和骡子不能用于耕作，人们是不可能单纯为了交通工具养这些动物的。所以在南方，没有有轮子的交通工具，北方随处可见的泥泞却宽敞的马路，在南方消失了，只有窄窄的碎石铺成的马路；苦力成了主要的搬运器，公路两旁满是休息亭，帮过往行人包装货物。人们坐轿子旅行，而不再是坐骡车旅行了。旅馆是为行人开设的，而不是为牲畜开设的。由于城市街道和乡村的街道是连接在一起的，共同成为社会交流网络的一部分，所以这些街道和马路一样狭窄不堪。这些狭窄的街道没有阳光、没有风，所以总是潮湿、污秽的。人口比北方更密集。稻田中寄生的蚊虫更是猖獗，让人无法忍受。

第九章 西部地区

在北方的麦地里,粪便是和干土混合起来用的。而种水稻时,你得忍受液体粪肥、肮脏的粪桶和令人作呕的臭气,这就是南方种植水稻的特色。所以人们经常提到的南北方的差异并不在于人的不同,而在于种植的主要粮食作物的不同。

南方的群山往往横亘大地、高耸入云、连绵不绝,是南方一大奇观。站在山间,放眼望去,只见山峦绵绵不绝,直到远方的山脉消失在云彩之中。每隔一段距离,就会有一些阴森的大裂缝,来自山顶的雪水汇成大河的源泉,沿着层层梯田向山脚流去。一个梯田的水注满后就流向下一个梯田。山顶闪闪发光的是为灌溉稻田保留的水库。流到山脚的小河汇集起来,蜿蜒流淌到宽广的山谷中,最后在两座大山之间

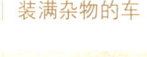

装满杂物的车

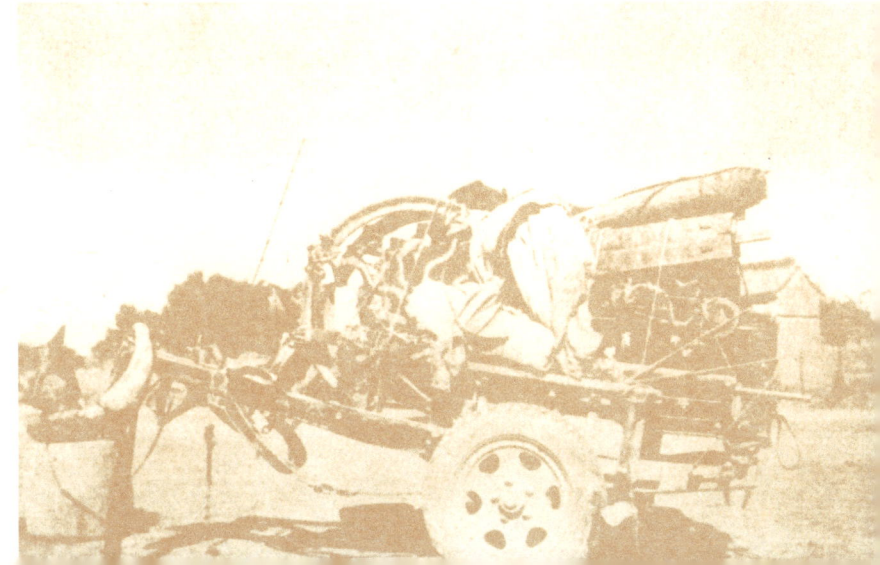

的山谷50英里处,银光闪闪地汇聚到扬子江中。一条条小河汇聚到一起,每一条小河都宛若釉彩般装点着流过的山谷。山脚下村民的住宅完全暴露在午后的阳光下。从山上往下看,犹如在天上看着凡世间,数不清的生灵为着一点食物而奔忙,就像无数困扰不安的小蚂蚁一样。

有两种方法把该地划分成两部分。沿着水路,有时还得翻越高山,走到下一个山谷;或者沿着分水岭,有时爬下山谷到达另一个山脊。民间的道路是沿着人口最为密集的山谷开辟的,而官道则在高山上,路面干燥,微风拂面,两面都是美丽的风景。官道从山路脚下往西南方向延伸200多英里,就到了位于嘉陵江上300英尺高的成都平原。这条到成都的官道修

穿山越谷的公路

第九章 西部地区

北京夏季推独轮车送冰的景象。这些冰是冬季从河湖中取出窖藏的,夏季用于冰镇。

建在最高的地方。除了进入山谷的道路以外,两旁都长满了高大的古木,每棵树之间间隔不到 7 英尺。这些大树都有一个木牌保护,警告人们不得随意砍伐。

要穿越高山,人和骡子相比谁更适合做交通工具?许多棉花必须从渭水盆地运到 250 英里开外的汉水流域,这时人就更适合运载棉花。我们一路上碰到了不少苦力,他们背上背着大捆大捆的棉花,犹如迁移的蚂蚁背着蛋一样,在山间艰难地爬行。他们每天背着一两百磅的棉花走上 8 到 15 英里的路程,所得

中西部两省交界处的关隘

的报酬仅仅是7美分。

我们到达人口非常稠密的四川省,再也看不到装载货物的骡子了,公路上只有扛货的苦力。他们背着一堆高耸的货物,背后放着一个丁形的小拐棒,休息的时候可以把货物挂在拐棒上。有的苦力则用一根6英尺长的竹担挑着货物,两端平衡地摆动着。每隔两分钟他就得换一个肩膀挑担子。这样日子久了,在竹担的压迫下,苦力的脖子两边就逐渐长出了两个大大的紫色老茧。

苦力们都挑着有现金、汗巾、扇子、水烟斗、油纸伞和保持货物干燥的一卷草席。而拉货物的骡子要人照看、赶车、装载、卸货、喂食和收钱。苦力们只要自己照看好自己就行了,每隔两个星期或者一个月,这些贫穷的奴隶就要把货物交给收货人,领取报酬后便返回。而骡子又能做什么呢?所以这样的竞

争,骡子当然要让位于人了。

这些苦力的体格是多么健壮啊!他们上半身赤裸着,展露着健壮的身躯,肌肉在负荷之下变得完美发达,手腕结实,下腹也不突出,没有一点多余的脂肪,他们精美的肌肉在古铜色的皮肤下简直就是一种美丽。如果他是一个有钱的商人,他会为自己厚厚的双下巴、挺着的大肚子而骄傲。如果他是一个文人,那他也会为自己瘦弱的双手和优雅的面容而骄傲。

在四川,蒙古人那种紧张的特色没有了,你见到的都是一些面色姣好的人。我见过一个小伙子,他的健美可以作为大卫·米开朗基罗的雕塑模特。女性大都是椭圆的鹅蛋脸,弯弯的柳叶眉、精致的鬓角、高挺的鼻梁、小巧的鼻子、漂亮的双眼,美丽得像是西方的安蒂露丝。人们恐怕还没意识到,整个中国恐怕再没有哪个地方的人能有这么美丽的面容了。可惜,因为他们都把前半部分头发给剃光了,露出头盖骨,像是过早秃顶的样子,这多多少少掩盖了他们的美丽。如果一队人马走过,我们西方的画家定能从中找出四川的安狄米恩和甘尼米蒂(西方神话中的美男子),从而获得新鲜的灵感。

中国人的血统虽好,环境却太过恶劣。放眼四周，尽是粉瘤、肿瘤、肿胀、消瘦、麻疹、疼痛和溃疡，令人触目惊心。显然，如果我们光着上半身走来走去，毫无遮盖，就把自己完全暴露在病菌之下了。

如果我们这一代人在没有医生或外科医生的环境下长大，我们也定会积累很多疾病。而且，在一些肮脏的古镇，经常可以看到腐烂受损的尸体，而且可以看出是因为梅毒或中毒死亡的。如果以腐肉为食，墙壁、地板、家具、衣服和水中都满是细菌；如果一个人吃东西、喝水、呼吸、走路、洗澡都随时可能被感染，那么，就算中国人的体格再强壮，也无法健康地生存下去。不过庆幸的是，还好中国人养成了喝热茶的习惯，所以他们起码还能享受开水带来的健康。

在人口密集的四川，人们对食物的需求量非常巨大，总在不停地寻找食物。农村连杂草都没有，农民

| 某山口的拱门

第九章 西部地区

穿过山坳的公路

进行园林式的耕作，但是他们并没有精耕细作，只是精打细算如何才能最大化地利用土地。虽然到处都种着水稻、大豆、白菜、玉米和蚕豆这些维持生命的必要之物，但是却根本看不到草坪、葡萄园或桔树。路过一家农舍，你会看到脏兮兮的光身子的小孩，无精打采的裹脚女人，肮脏的地板，被烟熏得漆黑的墙壁，黑漆漆的屋子，用鼻拱地的猪，长满疥癣的癞皮狗，腐臭的化粪坑，放在席子上晾干的几捆小麦，正在碾磨麦子的妇女或驴子。他们没有报纸、法庭、社会集会、鼓舞人心的宗教，也没有什么能够给人未来、激情和希望的东西。在整整6个星期里，我只看到过一个人读书,而他看着看着就睡着了。8岁到12岁的小男孩的脸是最吸引人的,他们看上去甚至比同龄的白人小孩更聪明。但是由于没有公立学校和良好的经济条件,他们长大后只能同父辈一样无知、迷信、日夜操劳。

沿着地平线走了整整一个星期以后,我们终于到达了世界著名的成都平原。离成都几十英里外,有一座著名的灌溉渠都江堰,从西藏高原融化的雪水流入岷江灌满了都江堰。2000多年前,工程师李冰——从此便被奉若神明,在许多寺院里受供奉——带领众人大战岷江,将江水一分为二,驯服了源于峡谷的岷江。而岷江依然冰冷生辉,穿过交错的运河,波光粼粼,汩汩地流进"花园之国",在杏树和石榴树下流过,在桑林、竹林间穿过,灌溉着三四千平方英里的农田。成都平原是富饶的,但是大多数人却是贫穷

路边刻有"阿弥陀佛"的石碑

第九章 西部地区

的。因为人口众多——至少有 4000 万人口,僧多粥少,所以贫穷的人也跟着翻倍了。我想,再也没有哪个地方能够像成都这样,以如此少的土地养育如此众多的人口。据说这里的水稻一季七熟,一小块土地就能提供一个人一年的粮食。农民非常积极地积肥,在路边挖了很多粪坑,之后用茅草遮盖起来,然而坑里的粪便仍然发出难以言传的臭气。

大多数农作物都是靠着自然流下来的岷江水灌溉的,而一些高地上的农作物的灌溉水则是用竹子建造的水轮水车提上去的。这些水车水轮就像弗雷斯大转轮一样,好像一张蜘蛛网垂直地挂在沟渠上。水流打击着固定在水车轮四周的小竹筒里,一个个竹筒装满水以后,就会随着水车轮转动,一直往上升,到达顶部,再浇灌到田地间。竹筒有手臂大小,两个竹筒之间的距离也有一定尺寸。农民根据这种方法,可以将水提高到离原来水位线 35 英尺高的地方。

由于溪流众多,桥梁也很多,而且多是造型美丽的石桥。桥上往往雕有龙,每个桥墩上,龙的头部朝向水的上游,尾部则指向河的下游。在没有车轮交通工具的地方,桥梁是"驼背"形的,一个高大的石拱横跨河的两岸,两边则是台阶,让人拾级而上。

斗蟋蟀，亦称"秋头"，是流行于秋末、以蟋蟀相斗为戏的娱乐活动。上自王公贵族，下至市井贫民，均以此为乐，也有以此赌博的恶习。此图为街头斗蟋蟀的热闹场面。

成都是四川省的省会，也是中华帝国最为富饶、建造最完好的城市之一，而且也是受西方影响最大的城市之一。赵尔巽总督带我们参观了一所位于山顶的军事学校，以及很多学校和公共建筑，脸上明显流露出对这个中国最进步的城市的骄傲之情。在人行道、清洁卫生和街道治安方面，没有哪个城市能与成都相比。成都还将在短期内引进城市用水和电灯系统。这个城市距离海岸线2000英里，离西藏仅有200英里，而沿海的港口城市跟西方人已经有两代人的交流历史了，但是跟成都比起来，成都的中国人比海边的人发展得更好。这可能是因为四川人的性格决定的。17

被视为稀罕物的汽车

世纪,成都遭破坏后重建,其他各省富有进取心的人移民到这个城市。另一方面,也可能是因为四川没有受到太平天国运动的影响,没有受到过强制的鸦片贸易,没有通商口岸的片面特惠歧视,没有炮舰外交等西方铁拳的影响,所以他们就能以更好的态度感悟到西方人更高层次的一面——他们的观念和理想。

我有意说"理想",因为西方的商品、方法和机器,或者自然科学,加在一起都不能满足中国人民的需要。中国人的潜力是深藏起来的,在我们打开他们的潜力大门之前,是永远无法知道他们会做些什么的。

6. 圣人的格言

中国儿童不像西方国家的儿童那样蹦蹦跳跳、嬉笑玩闹、爬上爬下的。中国学生也不像白人学生那样吵闹喧腾。他们没有体育运动,只知道放风筝、斗蟋蟀、赌博、下棋和放鞭炮。坐在荷花池边的树下饮酒赋诗就是绅士们的理想幸福生活。有些地方也有很多游戏,但是除了用火绳枪打打猎,他们从来没有射击活动。也没有人骑马游玩。中国人喜欢的是骑着温驯的骡子慢慢地溜达或轻快地小跑,却不喜欢骑高头大马。只有见到骑在马上的士兵加速时,你的眼睛才会觉得眼前一亮。中国人从来不把拳击当作一种运动,他们很少打斗,不会相互之间拳脚相加地斗殴,顶多像女人一样相互拉拉扯扯、抓抓头发而已。男人唱歌不过是用鼻子发出来的假音,这跟西方男人唱歌时从腹腔发出的吼叫声形成了鲜明的对比。

中国人认为走路有损身份,所以如果他有钱的话,只会坐轿子而绝不会走路。他们这样做只是为了自己的尊严而绝不是因为懒惰。如果一个非常健壮的苦力升为"男伺",那他会表现得像是患了脊髓

第九章 西部地区

痨一样,坐在轿子里而不会走路了。如果参加社访而不坐轿前往,那是很失礼的表现。在成都,外国官员在大街上散步,人们会因为他用双腿走路而认为他是一个外国苦力。有钱的中国人总是懒洋洋地躺在藤椅上,或是坐在轿子里。如果他是一个好色之徒,他会慢慢地变得越来越胖,行动也越来越迟钝;如果他是一个禁欲者,那他会变得越来越虚弱,脸色苍白。文人从来不做剧烈运动,除非他要用大毛笔练习书法。他很可能让指甲长到一定长度,然后用银色的套子保护起来。

士兵是由社会最底层的人组成的。人们对士兵非常轻蔑,所以限制了人们对尚武精神的天然崇拜。平民从来不带武器,也从来不跟人决斗,就算表现出胆怯,也没什么好羞耻的。中国的军官看上去非常勇猛,但是他们往往"狐假虎威"地虚张声势。如果在夜间遇到有人袭击,村民往往会不顾家人自己逃命要紧。而抢劫者因为知道外国人会打架,所以从来不会去袭击他们。据说,只要白人出现在船头,哪怕在波涛汹涌的扬子江上,船夫的精神也会振奋起来。中国人并不认为哭泣是可耻的,而且经常可以听见男人失声痛哭。然而中国人在痛苦和死亡面前,也像斯多

| 二人抬的轿子

噶斯、戈登和沃尔斯利一样勇敢,他们在正确的引导下会成为英勇的战士。"正确的引导下",难就难在这里啊!因为中国人的软弱并不是因为他们天生缺乏勇气,而是在中国人中间,并没有人激励英勇的男性气概。相反的,西方人则非常欣赏这种气概。

中国世世代代都受圣贤之人的格言所规范。戴着眼镜的学究是带头人,他们的心理状态深深地打上

了民族特性的烙印。如果苦力手中拿着扇子,撑着雨伞,并不是因为他们娇气,而是因为他们试图以文人为模范来塑造自己的形象。学究、书呆子、戴眼镜的人和隐者主要以道德力量领导人们,而且由于他们长时间投身学习研究,自然看不起从事体力劳动的人。所以在人们看来,知识分子应该是一幅弱不禁风的样子。知识分子在社会中处于支配地位,所以这个民族的特性也染上了知识分子的虚弱性格。这就像一块湿毛毯,阻碍了民族的积极活跃和英勇好战的脉搏跳动。所以除非中国人的思想改变,他们是不会剪去自己长长的指甲,也不会去锻炼身体的。也许年轻人的基督教社团所提出的口号"全面发展——身体、智力、道德和宗教——为自己也为他人",将会激励中国的年轻人,也会改变中国人呆滞懒散的性格。

XIN SHI JIAO YU

第十章

新式教育

套骡马的轿子，这是用畜力代替人力的改进轿子。

1. 日本人动摇了中国人的自信

当我们在潼关要登上横渡黄河的渡船时，船夫抽出两块从树上锯下来的木板做跳板。我们一踏上去，木板就弯曲得快要翻掉。当然我们的骡子在颤颤巍巍的跳板上不敢前进，我们花了半个钟头才把它们赶上船。下船时，我们又花了更多的时间让它们跳到岸上。带有夹板的跳板会减少很多麻烦。假定这些船夫

第十章 新式教育

每年要横渡 3000 次,那么至少一半的时间都花在了骡子身上。很久以前的经验就应该让他们意识到,骡子会对可怕的跳板心存芥蒂。但是跳板有用,所以直到现在,每次渡船要靠岸的时候,这些跳板都还被使用着。

这就是中国特色:因循守旧,持续采用一种似乎可行的方式,而不考虑实际中它们是否能达到预想的结果。船头的两边分别画有一只大大的眼睛,这样船就可以"看见"前方航线。他们从未对这些有眼睛的船只在航行中是否比拥挤的航道上的其他船只更好产生过疑问。在一个庭院的大门内,恰好有一堵砖砌的影壁,目的是让那些在空中飞来飞去的瞎眼鬼在试图侵入住宅时,很惨地撞在墙壁上。没有人去记载,那些没有这种影壁的家庭是否比其他家庭更容易遭到厄运。同样,以一种不带任何批评意思的口气来说,我们的苦力会在路边神庙前烧香;在离海 2000 英里的地方,我们的船夫在开始危险的航行之前,会杀鸡以求好运气。停在我们旁边的护卫船上的卫兵整个晚上每过一刻钟,就会摇动他的鼓,敲打三角铃,以此让我们知道他还醒着,保持着警惕。事实上,这把我们折腾得一晚上都睡不着觉,而他们第二天还向我们索要晚上值班的报酬。更夫晚上巡逻的时候不停地敲着梆子，好像这声音可以把强盗吓跑了似的。几百年来，没有人指出，其实这样做，盗贼一听到梆子声，就知道更夫来了，而更夫走过以后，他们就完全可以放心大胆地作案了。

如果上面的事情只不过是微不足道的社会现象，那社会的上层领域又是怎么样的混乱呢？似乎道德能够规范人们的性格，所以中国人总是不停地背诵教条，却根本不管这有没有起到作用。似乎只要背诵两条圣人的古训，官员们就会变得清廉奉公似的。古训就成了做好政务的基本要求，结果中国人成了世界上最没有实际工作专业技能的人。似乎皇上意味深

更夫

第十章 新式教育

长的劝诫就能制止腐败现象,于是政府总在不停地颁布激励人心的政令。当然这些政令根本就无法改变官员的本性,因为这些诏令根本就没有什么能激励人们做出合法行为的动机。表面凶猛的东西就能吓唬别人,所以士兵们不过是"纸老虎"。而且为了吓唬人,他们那黄褐色的制服背面也缝有条纹老虎,盾牌上也有张牙舞爪的老虎。1842年,英军向吴淞要塞进军时,中国将军根据同样的策略,命令士兵堆出圆锥形的泥堆,并刷上白灰,远远看上去就像白色帐篷一样,以此制造出军队后备力量强大的假象。可惜这些自作聪明的策略并没有发挥作用。似乎父母能够为子女安排好一个美满的婚姻,所以中国的父母对子女婚姻有完全的控制权。而且中国的缠足女性也因此增加了,她们从小开始缠足,就为了迎合丈夫那扭曲了的

乌篷船组成的水上过道

欣赏口味!

总之,中国人从来没有实行追求效率的原则,即为特定目标所选择的方法不应该是那些看上去合适,实际上却没有任何确切、及时和经济的作用的方法。中国人不能区分真正合适和表面合适两种情况,因为他们从未把效率作为追求的对象。

东方人对工作的看法并没有什么奇怪的地方,他们只是思想不成熟罢了。中国人的状况跟我们西方人14到17世纪的祖先的情况差不多。因为在中世纪的西方人,跟今天的中国人一样散漫、随意、没有鉴别能力。他们寻找"天象预兆",看到彗星就会觉得有灾难来临。他们看到有红根的罂粟,因为其汁液为红色,认定就是血液净化器;叶苔的叶子形状似肝,就能治疗肝炎;小米草长有一个酷似人眼的小点,就能治疗眼疾;等等。他们禁食、驱魔逐妖、烧死巫婆、佩带护身符和神像游行、保护圣人的遗骸;以为只要皇帝亲手触摸,就能治愈淋巴结;他们为求天气变化而举行各种宗教仪式;他们在塔尖挂圣钟,以此防止雷击。自然科学的兴起,洗去了欧洲人大脑中的迷雾。在天文、物理、化学和生物中,运用到了一些特定方法,如观察、测量、试验等。这些方法对于自然科学和实际生活都是大有裨益的。

第十章 新式教育

费雷德里克大帝的军队应该是效率运用的第一个伟大的科学方法事例。后来普鲁士的行政机构、法国工程、英国机器制造和卫生管理,都创造出了世界奇迹。今天世界的伟大奇迹就在于德国陆军和行政机构、试验和工业学校,大不列颠的海军、市政以及检查设施,法国的高速公路、艺术和葡萄,美国的试验基地、改革制度和工厂。人们每天都对效率充满了极大的追求,从事某些被人忽视的领域的人们也因为效率而变得充满活力。效率的口号往往是"计算"、"单位消耗"、"交叉检查"、"事例评估"、"科学组织"等,这些取代了选择决策方法时的相互争论。改革和少年法庭、户外运动和慈善组织、再教育和假期培训、宗教复苏和公共教堂、平等参政和市政的公共计划,这些都要根据每次研究结果进行取舍。总之,没有什么

利用鸬鹚捕鱼

是被隔离、不可侵犯的，没什么能阻挡外来的影响。到这个世纪中叶，效率原则已经成为西方文化中各部门的决定因素了。

如果中国人拒绝拥有西方的成功技术，就好比16世纪的人拒绝接受20世纪的人一样。也许我们的祖先在智能方面跟我们并无太大差异，但是在实际能力方面却落后许多。同样，中国人的潜力尚未完全发掘出来，他们要想在效率方面超过西方人尚不可能。汉族这个古老而骄傲的民族以前曾经同化了许多野蛮部落和游牧民族，一度拥有对朝鲜、安南、缅甸、尼泊尔的宗主国权利。而现在在与西方人的较量过程中，他们在东亚点燃了亿万支奋发图强的火炬，人们为国家的衰弱无能而疯狂——犹如被枷锁捆绑无法动弹无法叫喊的人。

日本人动摇了中国人的自信。日本人早期在与英国人和法国人的冲突中并未给人们留下深刻的印象，因为以前的日本人也与好战的野蛮人相遇过。日本在冲突中失败了，最终接受了外来文化。日本人曾认为我们"红毛"民族是一种新型的野蛮的民族。但是在1894年至1895年的中日战争中，曾吸收了中国文化艺术的日本人却战胜了中国人。中国人为此震惊了。

第十章 新式教育

除了从西方借用一些东西以外,还有什么能让日本人突然变得如此强大呢?中国人也马上进行改革维新运动,但是接下来的却是慈禧太后的军事政变、1900年的耻辱条约和沉重的赔款。很显然,中国的分裂和农奴制最终会导致国家灭亡,除非有识之士能够探索出方法让中国巨人振作起来。结果证明,在落后于西方的主要部门和特殊领域里,中国人必须采纳西方的文化和教育。

中国的古代教育主要是教中国历史和经典文学,但是却没有自然科学,没有地理或世界历史。除了一些基本的算数,也没有数学这门课程。关于社会科学

上层社会人家的小孩

和政府研究,也仅仅收录在圣人的著作中。他们的目标是让人们背诵这些经典著作,并且根据指定的方式教育人们。政府并不开办任何学校,只是举行科举考试,并授予各个级别称号。政府将学者分成不同等级,并向他们敞开了仕途的大门。政府每年都会在省会城市举行中型考试即省试,几千名追求仕途的人都在那里参加为时3天的痛苦的八股文考试。每天早晨都有一些殚精竭虑而死的考生被带出考场。最后只有107个成功者能够参加在北京举行的最高级的殿试,殿试为3年一次,成功者都将官居显赫之列。

2. 有缺陷的训练

6年前,慈禧太后朱笔御批,宣布废除科举制度,并决定推行一种全新的国家教育制度;由政府创办各级学校,学校课程包括西方科学和中文学科。各村设小学,城镇设初级中学,并由区县管理。各县设中学,各省设大学和师范学校。接着又成立了商业学校、技术学校、农业学校、军事学校和政法学校。这些学校的最高一级是北京的帝国大学(即京师同文馆)。

第十章 新式教育

对新式教育的热情如火如荼地开展起来。一人一间房的考试制度被废除了，大学的大教室修建起来了。一些学校设在寺庙中，今天在高大的圆柱屋顶下还能看到一些小学生并排站着，在面目狰狞的战神或慈眉善目的观音面前背诵课文。旧式的老师投身于"短期教育"中，以便能在新的教育体制下找到立足点。接受过初等新式教育的人要求加薪，成为旧式学究的嫉妒对象。不久前，某省大学到附近一所美国学校聘请一个数学教授。对他的要求就是必须懂得比例计算，并且能解答中国学生不懂的大量代数问题。对教师的迫切需求引起了去日本留学的高潮，3年前到日本东京留学的学生就多达15000人。后来中国人对日本的热情冷却了，现在留学日本的人不过三四千人。

去年2月末，中国学部的报告表明，两年内，北京的学校从206所增加到252所，学生数目也从11417名增加到15774名。北京以外地区，政府创办的学校从36000所增加到42444所，学生人数也从101.3万人增加到128.5万人。私立学校的总数超过了官办学校的数量。在直隶，对北京任何变化的反应都比其他地区反应更快。省学部门在天津创办了一所

福建省第一届议会（1909年10月）

大学，在保定创办了一所学院，并成立了17所工业学校、3所高等师范学校、49所初级师范学校、2所医学院、3所外国语学校、8所商业学校、5所农业学校、30所中学、174所高级小学、101所初级小学、8534所低级小学、131所女子学校和174所半日制学校和夜校。

然而，与落后的邻省、有8万人口的山西相比，直隶并不是全国典型的省份。1909年，山西学部创办了有520名学生的两所学院和一所政法学校、有410名学生的4所师范学校、800名学生的13所中学、3433名学生的98所高级小学、41121名学生的1948所低级小学。此外，还有180名女生在两所女子学校接受教育。

虽然中国的学校数量发展惊人，但是中国还存在着大批尚未入学的学龄儿童，在校受教育的中国年轻人只有美国的25%。因为中国人生理需求以外的追

求比美国人少得多,所以中国人不可能把教育发展到跟美国同样大的规模,除非中国能够推行一种新的经济方法,并能为教育积累大量的税收财富。

随着教育的发展,对课本的需求也大大增加了。在上海一家东亚最大的印书馆,即商务印书馆,有1000名工人。他们出版发行初级课本、阅读教材、历史、地理、数学和适合成年人入门阅读的中英文版自然科学教材,带注释的英美文学、画卷、挂图和科学图表。其翻译部有100名学者日夜忙碌地用抽象汉字翻译解释自然科学、医学和工程方面的专业术语和书籍。这些术语经北京术语局批转后,便成为了汉语的一部分。

当然,中国的新式教育和旧式教育一样,都必须有基础教育。所以不管在小学还是中学大学,都遇到了如何把新酒装进旧瓶的困难。这种教育制度和西方教育制度的巨大差异,清楚地表明了中西方的差别。

北京的陆军部有600名官员,但是只有50名承担具体工作。其余的官员不过是寄生虫罢了,大部分是为了确保满清王朝的存在而任闲职的满族人。在贪污腐败严重的政府里,人们不能指望教育部门能够完全自由地行事。学校中存在着大量的没有教学任务的行政人员,这意味着某些权势大的官员把这些安稳的职业给了自己的亲戚或朋友。在我教书的大学里,教师人数是行政人数的5倍,但是在中国某所现代语言学校中,只有27名老师,却有足足10名行政官员,更不用说其他的服务人员了。其中一半以上的人整日里无所事事,工资却照拿不误。某所高级商业学校中,有20名老师,却有10名行政官员,其中有3名是担任闲差的人。某所有800名学生的法律学校中,有25名非教学的行政官员,大部分是闲职人员。某所技术高中,有30名老师,校长把所有的事务都交给理事去做,司库则把所有的责任都推给副司库,秘书也把所有的任务都交给副秘书。办公室主任根本什

福州某传教社创立的一个两百天制的学校师生

第十章 新式教育

么都不做,只是坐热椅子。12名管理人员中竟有4名是没事干的人!

没钱请优秀教师,却有钱购买大量昂贵的器材,这可真是让人疑惑啊。某所学校的大厅入口处,挂着精致的生物和植物学图略,但是却没有人能讲授这两门课程,也没有人能看懂这两幅图。你还会发现一个物理实验室,里面的设备精良却满布灰尘。老师除了略通电学,对物理的其他方面却一概不知。某个边远省份的省立大学,我看到了好几百个做化学试验用的瓶瓶罐罐。这些都是从东京唯一一家提供这类产品的公司购买来的,然而不到5%的瓶子是拆过封的。这些瓶子价值至少1500美元,足以满足我们3个大学实验室的需求。据某些"中国通"说,这种浪费肯定是因为有人在背后拿了回扣的缘故。长江上游某个教育中心,当局以巨大的花费跟美国教师签订了一年的合同,合同期满以后却跟另一个不甚称职的老师签订新的合同。而每次这种轮换需要发放300美元的旅行补贴。据知情人估计,某些官员从旅行补贴中揩了油水,所以他们才会不停地更换老师。

在挑选外籍老师时,中国官方也是随便得让人吃惊。只凭某个德国数学教授的推荐,就聘请一个教授

植物学的英国老师,这样是不可能聘请到优秀教师的。40年前,日本人成立现代学校之时,他们请求西方政府或大学校长选派教师,而西方人也非常骄傲地把自己最优秀的教师派往日本。那些愿意长期留下的教师能够任职长达二三十年,直到日本培养出本国合适的教授去取代他们的位置。但是中国人在选择教师时非常随便散漫,对教师的任期也没有提供任何保障,所以也不可能从西方人那儿得到任何教育上的帮助,而这恰恰是中国教育最迫切需要的。

不仅外籍教师参差不齐,中国人还会让他们很快辞职。我参观过某省会城市的大学和师范学校。学校占地面积很大,大约有10个大院,由碎石路连在一起,并有低矮的瓦房包围着。大厅上挂着一块牌子,写着"为愉快的学习提供安静的环境"。然而在这400名身穿蓝色长袍的年轻人中竟有25名教授。其中仅有一名教师是外国人,而且是日本人。其他的教师都是中国人。教授德语的是一个年轻的小伙子,四句德语中就有一句不明白!教师的备课水平跟我们西方学院3年级的大学生水平差不多。这可真是"盲人引导盲人"啊!而这就是一个人口比宾夕法尼亚还要多的中国某省的最高教育水平!

第十章 新式教育

英美人在中国教书的时候并不使用翻译,因为他们认为高中的学生都应该懂英语。但是聘请一位年薪1400到1800美元的外国人做老师,这个成本太高昂了。日本老师的工资相对比较低,但是他们在教学过程中必须要有翻译,这样就浪费了学生一半的时间。而如果这名翻译对这门学科又是一窍不通的话,那学生就更是听不懂这门课程了。此外,一些聪明的中国人还深信,日本教师(如医学教师)为了遵照保密的指令,并不将学科中的高端知识传授给学生。而每当他的学生发现有一些知识结构的断层时,他就会辩解说,他曾经解释过这些问题,但是学生根本类似听不懂。这个臆测也跟日本某些军事学校的情况类似。在这些学校中,当老师讲解到某些学科中的前沿或特殊问题时,他就会让中国学生退避出去,然后关起门来只对日本学生讲授这些知识。尽管这个猜测可能是不公正的,但是可以肯定,日本教师往往会很快就被辞退,日本人似乎并不适合给中国人充当西方文化的传播者。

中日两国在聘请西方教授上的巨大差异,根源在于两国对西方文明的态度上存在着巨大差异。日本人谦虚好学。很久以前,他们就从中国大陆学习借鉴,

现在他们也不会骄傲得不愿坐在西方学者的脚下学习。但是中国人一直以自己的文化为荣，仍然傲慢地否认他们对国外教育家的需求。他们根本就不能理解西方文化的广度和深度，所以他们也不可能努力快速地吸收这种文化。中国人认为西方人只是在物理科学和机器制造方面超过他们的聪明野蛮人，而在意识形态、伦理道德、社会政府等领域方面跟他们都存在着巨大差异，并且对西方的这些领域并不表示欣赏。

3. 艰难的起步

学部大臣张之洞也未能认识到西方文化中的巨大能量。他所著的《劝学篇》一书在12年前曾轰动一时。作为满清的学部大臣，他最终引进了自己拥护的改革，但是他认为学习西方课程的合理时间是6个月，而且认为只要两年就能修完全部课程。所以在中国学科之上，他给学生增加了大量的西方课程，这让学生们在重负之下苦不堪言。这些可怜的学生每个星期要在教室中学习35到40个课时。而且每天还有一个小时军训，每天课余阅读与学习的时间不超过两个小时。结果便是老师填鸭式教学，学生被动地学习。

第十章 新式教育

因此，有的学校在初中就排了微积分课程。省督学官员在视察某所官办学院时，该学院的美籍校长告诉他一年级还不适合学习微积分。督学让校长就此写一份报告，于是在他的建议下，数学教授做了几节"微积分的应用"的演讲，然后对学生进行测试，以此证明学生"有能力学习微积分"。

另一名出身翰林的大学校长，点了一只雪茄烟，对我说道，他在犹豫着是辞职还是继续任职。因为在学部的管制之下，他们往往忽视他的建议，而且对当地需求和情况视而不见，所以，这位校长对大学的管理进行得异常困难。他脱口而出道："在不断被迫做出蠢事的情况下，我如何还能维持自己的尊严？一名25岁的学生以优异的成绩通过了入学考试，但是在北京颁布下来的严格规章制度之下，我不能接受他入学，因为他不是'中学毕业生'！"

学部是由旧式文人组成的。这些文人从未出过国，并且不清楚西方高效率的科学知识。在拜访学部之时，署理大臣是一个保守的满族人。他似乎非常确定中国人知道自己需要些什么，并能够从容获得。满族并不是一个有文化传统的民族。在莎士比亚时期，他们还在阿富汗地区。他们很少有人出国留洋，由这

些满族人来引导中国的新式教育,犹如4世纪时让哥特人管理雅典的学校。我甚至听说有个满族文官看不懂申请省级奖励的考试文章。他把这些文章堆在床头的帐架上,当他躺在竹椅上吸烟的时候就拿手杖来拨弄这些纸张,最先滑出来的13张文章就是获胜者了。

在美国,教育是一个很不错的行业,都说当了州立大学校长,就不想当州长了。但是在中国,雄心勃勃的县官总是希望能够升任道台一职,如果让他负责省立学校,他会想法追求其他更好的职务。由于他没有任何热情,也没有接受过特别的教育,他会像处理政府行政事务一样来处理教育事务。某个大学的校长根本就不懂英语或西式教育乃至教育学。他管理这所学校的目的就在于为自己谋取私利,而且根本不会听从学校里3名外籍教师的建议。这些美国教师非常渴望帮助中国的教育制度达到西方水平,但是他却被告知,他受人聘请,只要做好分内的事就行了,别的事情不需要他多嘴。

中国学生的特点全面反映了该民族现阶段的思想水平。他们对教学的反应比美国学生迟钝得多。如果对传授的内容提出任何质疑,就是反对中国的教育传统。在我们看来,中国人的教师和课本有一种说不出的尊严，学生不能要求对此做出解释或证明。而且，提问似乎就意味着授课者讲解不清，所以，外籍教师对学生的冷淡反应感到吃惊。他只能面面俱到地叙说该观点的各个方面；如果用这种方法阐述，学生听不懂，那就用另外一种，他总是希望能够敲响学生的智慧之钟。

最初，学生把试验、陈列标本、显微镜等当作例证，而不是当作理论的起源。因为中国的传统并不要求人们对大自然直接提出质疑。后来，当他学会了使用仪器以后，他会整天沉迷于对真理的追求之中。我在一些学校发现学生对化学非常着迷，因为化学让他们通过示范的方法体验到了前所未有的新奇感。他们是敏锐的观察家，一切试验现象都逃脱不了他们的眼睛。学生们把重大的试验现象记录了下来，也有人抱怨说学生连试管爆裂之类的无关紧要的意外现象都记录了下来。

因为学生要训练记忆和书写几千个汉字，其中一些汉字的笔画甚至达到了 30 多笔，所以他们都拥有超强的记忆能力。他甚至通过背诵来学习几何和物理。有个教授提醒学生注意对数表，第二天学生就抱怨说这门课程"太难"记了。他们竟然试图背诵这个

表格!在几何学中,他们能够记住所有的定理证明,但是却不会运用定理进行数学思考。有个教师说:"美国学生只要半年就能学完的平面几何,中国学生却要学整整一年。"另一名教师说:"如果我把定理给学生,他们就能很好地解决问题;但是如果没有定理他们就毫无头绪。"有 1/3 的老师估计说,他们的学生当中能独立思考的不会超过 1/4。他们能记住单词,但是却不会进行思考或提出观点。而且恐怕只有不到 10% 的学生能够解决没有给出定理的新问题。

看到这些,白种人会对自己的民族倍感骄傲,但事实上,所有的教育家都把中国人的上述情况归结为有缺陷的训练而非民族缺陷。有一个人的孩子是在传教士家庭中长大的,他就没有上述问题。另有人注意到,他的儿子两三年后就长大了,并能独立思考问题。还有一个法国牧师告诉我,在他的神学院中,有 4 个学生能在法国拿到奖学金。一个数学教授在报告中指出,"到处"都是有独创力的学生,其中一个学生甚至能证明基础定理。另一个教授说他有一个中国学生,在微积分方面的能力比他教过的任何一个白人尖子学生还要出色。一个著名的中国专家讥笑那些认为中国人缺乏思维能力的人,并指出最近在格林威治

的英国皇家学院中，3名中国学生的数学能力在全班是独领风骚的。他还强调说，老师提出某个问题时学生进行"反驳"的能力并不是与生俱来的，而是由于低等学校的某些错误才产生的。

有人抱怨说中国学生缺乏坚韧精神。他们很容易灰心丧气，他们会在困难面前屈服，而这种困难只会激起美国学生更加高昂的斗志。一个中国医学讲师非常悲观地拿中国学生缺乏持久勇气的事实和日本学生的耐力对比，指出日本人会不屈不挠地钻研难题，就像他们的农民会一次又一次地对亚瑟王的港口发起冲击一样。中国人的这个毛病可能是因为他们缺乏尚武精神的缘故。尽管如此，这很可能是一个民族问题。如果说黄种人和白种人在天赋上有什么差别的话，我想并不是智力上的差异，而是意志力上的差异。

中国学校以懒散著称，这跟起源于日本学校的严格、半军事化纪律的特点形成了鲜明对比。听说学校发生了这些让人惊讶的事件：学生拒绝参加没有准备的考试，他们剪下笔记毫不羞耻地进行公然抄袭；他们强迫系主任改变安排好的课程；如果老师布置了不合他们意的练习就拒绝起立鞠躬；他们认为20美元的伙食费太高，就在外面住宿，把不合他们口味的饭菜倒在地上或扔到厨师的头上。系主任知道外籍教师让所有的学生都通过考试，或者根本不批阅不及格的试卷。单独一个学生是很听话的，甚至是谦恭的，但是一群学生就对校方构成了威胁。美国教育家敢于让学生考试不及格，严厉地责备学生，甚至开除学生；这跟中国校方的懦弱形成了鲜明对比。能够意识到这一点的中国人就会把子女送到教会学校去读书。

事实上，中国人最缺乏的就是纪律。让美国人强大起来的是流畅明智的小组合作。如果中国人也要发展这种小组合作，就必须规范军队、工厂、航行、学校和体育纪律，甚至是家庭纪律。中国人现在惯用的是群众运动——罢工、罢课或联合抵制。在过去两年中，据说山东的每所学校都进行过罢课运动。有所学校罢课的原因是外籍教师要求在授予学生证书之前必须通过一定的考试。类似的罢课也发生在其他男校女校中，而且大多数罢课都是因为不可思议的理由。中国校长经常让步于这些罢课，而美国校长则会非常强硬地下逐客令，这让中国学生痛苦而吃惊。联合行动的容易也正反映出了个人的某种软弱。如果美国大学中有人有这种愚蠢的行为，他人就会站出来指责他，从而这种行为也就被

第十章 新式教育

卖水果的小孩掷骰子消磨时光

制止了。但是中国的个人往往在群众压力面前让步。个人的生活总是跟大众生活保持一致,团结一致的精神是个人的指导原则。这些都是因为个人生活极其艰难,如果没有家庭、亲戚或朋友做坚强后盾,他就难以生存下去,特立独行就等于自杀。

中国的绅士都留着长长的指甲,以示自己不从事体力劳动。这就不奇怪为什么中国的年轻人都轻视体力劳动了。工程教授必须严厉地命令自己的学生,他们才会去修理链条、打桩,因为他们认为这些劳动都

乡间青年在摔跤

是"苦力活"。汕头某所教会学校在准备节日的时候,一位女老师说:"孩子们,快来帮我搬一下这些笨重的椅子。"没有一个孩子愿意去做,因为这是"苦力活"。另一所学校的某次接待会上,学生都拒绝给来宾搬椅子。他们都知道照顾自己的房间,但是由于有官员在场,而他们知道这些绅士的标准,所以学生们害怕在他们面前"丢脸"。旧式学校的官员看不起煤矿工程师或铁路工程师,因为这些人干的都是脏活,所以是一种苦力。北京这种木乃伊似的官员把在国外受过自由教育的学生和受过技术教育的学生划分开来,认为后者的地位更低一些。

体格强健反倒会被人嘲笑,因为这往往说明该人是一个受人歧视的苦力、江湖郎中或者士兵。我在中国旅游的 6 个星期中,碰到了至少 300 个坐轿子的人,只见过一个有轿子的人走路。在最陡峭的山路上,他们也仍然坐在轿子上不愿下来,懒洋洋地躺

着,仿佛这是对别人的一种恩赐。绅士们的锻炼方法不过就是在凉爽的傍晚,提着鸟笼,让鸟呼吸一下新鲜空气,自己也顺便散散步。华北某所大学的教授声称要利用网球场地之时,学生们却不理解这个以前颇有尊严的老师,怎么干出这么滑稽可笑的行为。一个饶有兴趣而又吃惊的旁观者问道:"难道你们没有钱雇苦力吗?"

4. 改革进程中最严重的问题

莫里森教授对武昌某教会学校的观测表明,中国11到16岁之间的男孩比美国波士顿的同龄男孩矮0.5到4英寸,轻7到15磅。同龄的中国女孩比美国女孩矮3到5英寸,轻14到24磅。事实上美国女生的体重看起来比中国的男生体重还要重。中国人胸部机能很弱,因此官方学校的学生因为刻苦学习和长期的封闭,死于结核病的人数非常多,这其实并不奇怪。在上海,进健身房的青年有一半都表现出结核病的症状,这也毫不奇怪。这些年轻人应该立刻打开卧室的窗户,换洗床上的被单,并去进行体育锻炼!

一名女校长抱怨说,她的女学生所接受的传统教育是不要注意自己的身体,所以在上卫生课时她们会脸红,学生也都弯着腰低着头。中国的先生像所有旧式文人一样,形成了独特的弯腰的习惯,学生也模仿先生弯腰,就好比一个视力好的人也偏要戴上眼镜以显示自己学识渊博一样。另一名校长发现,学生在田径场上,跑和跳的能力根本没有得到过训练;有目的的体育能力训练并不吸引他们。在北京的鲍勃·盖里说,中国人最初在体育运动中因为害怕失败会"丢脸",所以畏缩不前。有时在足球比赛中,如果有个队比自己的队伍更强大就会突然退出比赛。后来中国人才逐渐培养起体育运动和比赛的精神。

官办学校并不要求学生进行体育锻炼,也不聘请体育教师。有时会看到学生在高楼下挥舞着印度式的棍棒,或者操练来复枪,有时也会看到成队体弱的年轻人在网球场上来回跑动,但是他们的长衫颇为碍事,结果其动作宛若一只小猪在玩毛线球时抓抓咬咬一样。然而事实上,中国的足球和棒球运动就是由这群穿蓝色长袍的学生推动的。在发展体育运动兴趣方面,教会学校比政府学校做得成功得多,因为教会学校的负责人有着天生的热情,并且发挥了个人的影响。

第十章 新式教育

| 坐轿子赶路的人

　　黄种人对体育的热烈反应证明了体育运动对人们有普遍的吸引力。最近在广州进行的田径运动,就是在一个受人尊敬的教会大学——广州基督学院的领导下开展的。运动会进行了两天,参赛者多达1000人,观众达20万人。在天津举行的第一届运动会吸引了7000人,去年10月份的第二届运动会吸引了两万人。在南京举行的、与南京工业展览相关的全国运动会上,有140名选手竞逐奖牌,1000名体育爱好者从

200英里外的上海赶来观看比赛。现在,中国人开始自己举办体育盛事了,从总督到县官都会去观看比赛并给予热烈的掌声。正如婆罗州内部的足球比赛是英国人和马来西亚人共同的爱好,年轻的中国人组织的运动盛事也成了中国人和盎格鲁－撒克逊人之间的联系纽带。中国人丝毫不怀疑我们努力使中国年轻人身心健康发展的诚挚之心,运动员的身体强健起来,中国人的性格也会坚强起来。在连接北京和西藏的电报站里,我发现上海和天津电报学校毕业的学生都变成了花花公子。他们用女人般娇气的打扮粉饰自己的脸

在洋人教育下学习做新式体操的情形

第十章 新式教育

庞,每天纵情声色,因为他们的生活中没有什么乐趣,而歌舞小姐的诱惑是他们最大的乐趣。

所有的教师都能证明,中国学生在解剖学和植物学的绘图方面都具有美丽、精确而详尽的特点。这灵巧的双手源于长期以来对千百种汉字的书法训练。中国汉字不像美国字母那样可以草草挥就,而必须精确微妙地书写,才不至于辨认不出来。中国学生在准备标本或幻灯片时也表现出了同样轻柔而稳健的手法。但是如此柔软的双手是要付出巨大代价的。我问两名日本大学校长:"为什么你们的学生在21岁才上大学,比美国学生晚了3年呢?"他们回答说:"因为我们的语言比你们的字母文字难学,必须花3到5年才能掌握这些文字。"这就是东方人在跟西方人竞争之时所必然遇到的巨大障碍。我问一名在中国待了大半辈子的学者:"中国还要多久才会放弃他们的象形文字?"他回答道:"或许5个世纪吧。"

稚童踢毽子

文字问题确实是一个非常实际的问题。我们文字的铅字重50磅,只需5美元;而中国文字的铅字重半吨,需要100美元。我们的打印机不能打印汉字,因为没有哪个排版机能够排这些汉字,键盘会有饭桌那么大!商务印书馆的打字机占地面积极大,有7000个小轴承箱构成排字架,每个轴承箱大约占地1.5平方英寸。以这样的机器印刷中文报纸,花费极大,而且易读性也不如英文报纸。西方人永远不可能教年轻人花费这么多时间去阅读一门语言,这个时间比学习一门西方语言要长三四倍。

目前的中国只有千分之一的女性和十分之一的男性能阅读。尽管如此,改革家还是对义务教育非常热心。他们建议学者设计出一套3000个简化汉字,并在各地设立学校传播这些简化字。他们要求报纸只使用简化字,并提议由北京某些有威信的人组成一个委员会,从北京发布公众关注的新闻消息,并由地方社会将这些消息印在报纸上,希望每个人都能订阅报纸。可以肯定这是一种乌托邦式的幻想,但这表明了改革者已经意识到自私的个人主义是中国的致命伤。

在此我们遇到了中国改革进程中的最严重的问

在练习拉弓射箭的青年人

题：以后的道德从哪来？在反对强调伦理道德的旧式经典教育中，出现了一种忽视道德引导的趋势。虽然中国人每个月都得供奉孔子的牌位，但是年轻人内心却开始嘲笑："孔夫子！他从没有坐过火车，也没用过电话、发过电报。他知道什么是科学吗？他不过是个老学究罢了！"所以曾经以其言行影响了无数代中国人的圣人们，现在却对受过教育的新一代没有任何权威性了。他们追求的是富强，而且他们了解到，西方的富裕和军事强大都是由精确的知识和向往科学的学生带来的。但是他们却忽视了西方成功背后的道德基础。他们忽视了自己的理想主义，也忽视了西方的

清末男女着装均戴时髦的西式礼帽

理想主义，很可能会发展成一种自私的追求物质主义的性格，而这带给中国人的将是灾难而不是幸运。

面对这个危机，主要由美国人创办的12所教会大学有幸为中国贡献伟大的、政治家式的服务。在组织、管理、人员、课程和纪律方面，大部分教会大学比中国政府创办的大学要强得多。在工作中，他们运用的科学方法对中国人来说还是很陌生的，他们试图发扬西方的身体发展、整洁的生活、个人主义和效率等理想。他们以极为崇敬的心情研究孔夫子的伦理道德，也提出了对基督教生活的看法。虽然教会学校毕业的学生大多不是基督教信徒，但是他们毕业后都有了崇高的理想。中国的上流社会越来越欣赏这些教会大学，哪怕其费用高昂得把他们的抚恤金都用掉了，他们也很愿意把自己的儿子送进教会大学念书。

第十章 新式教育

　　有钱的中国人为教会大学捐助了不少资金。如果宗教社团能够发现这些大学会开拓人们眼界，而且意识到这些大学的根本目的是要在中国推广高等教育，就像哈佛、耶鲁、普林斯顿和其他几十所由基督徒出费用创办成立的大学一样，那么中国人会给教会大学更多的资助。让这些教会大学在学生之间灌输基督教义，灌输崇尚自由的思想而非压迫他人的动机。让教会大学在保持自主权的前提下，寻求能打入政府教育体制的途径。让教会大学忠实地提高中国知识分子的整体水平，以扩大基督教理想的影响范围，并让教会大学成为擅长解决中国道德危机的巨大力量。

　　基督教在罗马取得一定的地位以前，耶稣受难在十字架上已经过去280年了。在马丁·路德挑战权威之后、新教改革的永久地位确定之前，128年过去了。在新大陆发现之后、英国第一块美洲殖民地建立之前，115年过去了。没有人能体会到这些巨大而缓慢的历史性运动会发展到全球范围，并且达到顶峰。但是今天世界的进程缩短了，历史也在飞速发展着。令人激动的中国变革将在这个时代发生。40年后，在

中国1300个区县都将会出现电话、电影、阑尾炎手术、卫生设施、棒球队和经济独立的未婚女性。世界这个大家庭的1/4人口正在我们眼前经历着复兴。我们只能坐在剧院前厅,观看这个舞台的变化。

"摆渡书虫"书目

书名	作者	定价
决斗	(英)约翰·基甸·米林根	38元
从马拉松到滑铁卢——15场世界经典战役	(英)爱德华·克雷西	38元
图腾与禁忌	(奥)弗洛伊德	36元
隐修者	(澳)巴里·斯通	36元
秦始皇:如何改变中国	常常	36元
曾国藩:如何改变人生	常常	32元
体罚与人性	(英)乔治·莱利·斯科特	36元
19-20:世纪之交的中国	(美)E.A.罗斯	36元